TU GIGANTE O TU MONSTRUO:

¿QUIÉN ESTÁ GANANDO EL JUEGO?

¿CÓMO ENCONTRAR TU PODER INTERNO PARA ALCANZAR MÁS ÉXITO Y DINERO?

Josué López

Publicado

Tu gigante o tu monstruo:
¿Quién está ganando el juego?

ÍNDICE

DEDICATORIA

A las dos personas más preciadas de mi vida,
mi esposa Keren y mi hijo Josué,
por su amor y apoyo interminable
en la realización de mis metas y sueños.

PRÓLOGO

Por Raymond Aaron

Te felicito por haber dado el primer paso. Estoy seguro de que deseas tener mucho éxito en tu vida y también sé que te gustaría aprender cómo crear un futuro mejor para ti y tu familia. Esto es exactamente en lo que este libro se enfoca, te ayudará a despejar el camino para que tengas éxito y puedas obtener todas las riquezas que deseas. Estás más cerca de lo que te imaginas de cambiar drásticamente tu vida.

Como dijera Dr. Martin Luther King, Jr.: "No tienes que ver toda la escalera, solo da el primer paso". ¡Y aquí estás!

No subestimes tu capacidad de aprender de los demás. De Josué López, en este libro: Tu gigante o tu monstruo: ¿Quién está ganando el juego?, podrás aprender exactamente cómo alcanzar la independencia financiera. No tienes que reinventar la rueda, solo estudia lo que está comprobado. Ahora tienes la oportunidad de aprender de Josué López, un verdadero héroe en su propia vida.

Él es un refugiado cubano que emigró a los Estados Unidos cuando solo tenía 12 años. En este libro descubrirás el increíble camino que lo llevó de ser un niño criado en la pobreza extrema en Cuba, a convertirse en una verdadera historia de éxito como empresario estadounidense, esposo, padre, orador y filántropo.

ix

No sé cuál es tu definición de éxito, pero después de leer este libro, te conocerás mejor a ti mismo y entenderás con claridad cómo funciona tu mente. Podrás identificar dos poderes increíbles que posees dentro: el "gigante" y el "monstruo".

Tu gigante o tu monstruo: ¿Quién está ganando el juego? es un libro que debes leer si para ti es importante alcanzar tu máximo potencial. Al final de cada capítulo Josué te sugiere que hagas diferentes ejercicios, te insta a tomar acción para ponerte en el camino correcto y puedas alcanzar la libertad en todas las áreas de tu vida más rápido de lo que imaginas.

PREFACIO

¿Qué puede enseñar una persona pobre, que abandona la escuela preuniversitaria y vivió en un país socialista bajo el régimen comunista en Cuba, sobre cómo obtener la independencia financiera y ser completamente rico?

Estás a punto de descubrirlo. Precisamente porque tengo una experiencia única y un historial de superación de los principales desafíos de la vida, puedo compartir contigo las estrategias que he utilizado para lograr mis sueños. Estoy seguro que lo que ha funcionado para mí, también funcionará para ti.

Siempre he ayudado a otros a salir de la pobreza y he hecho todo lo posible porque mejoren su calidad de vida. Estoy cumpliendo esta misión desde muy temprana edad. Cuando comencé a ganar dinero, empecé a ayudar a muchos miembros de mi familia, incluidos algunos que estaban atrapados en las difíciles condiciones de la Cuba actual.

Mi esposa es mi compañera en esta tarea, y juntos hemos alcanzado todo lo que nos propusimos lograr. Todavía tenemos grandes sueños, pero por ahora mi mayor prioridad es compartir lo que sé con quien tenga el deseo suficiente de aprender cómo generar riqueza y alcanzar el éxito. Esa es una de las razones por las que escribí este libro. Todo está aquí.

Leer este texto tiene el potencial de cambiar tu vida para siempre. Pero debes elegir estudiar y analizar cada capítulo profundamente. Quiero que, en primer lugar, descubras a tu gigante y a tu monstruo interno, ya que al lograrlo será más fácil el camino. También debes comprometerte a hacer las tareas al final de cada capítulo.

Si aplicas todo lo que te muestra este libro, alcanzarás tus objetivos y mantendrás la integridad, la compasión y el amor por los demás. Mi plan de creación de riqueza tiene que ver con el equilibrio, la perseverancia y la valentía. Cualquiera puede seguirlo. No muchos escogerán ese compromiso, pero como estás leyendo esto, tengo muchas esperanzas en ti. Confía en el proceso, y después de leer y comenzar a trabajar en tu propio plan, envíame un mensaje. Me encantaría saber sobre tu propio viaje hacia la libertad financiera.

Josué López

construyetugigante@gmail.com

AGRADECIMIENTOS

Escribir un libro puede parecer una tarea individual, pero la realidad es que se trata de un trabajo en equipo. En primer lugar, quiero agradecer a Keren López, mi bella esposa por 17 años. Esa persona es mi alma gemela, la mitad que me faltaba y mi mejor amiga. Sin su ayuda, amor, ánimo y esfuerzos, este libro no podría haberse escrito. Te amaré por siempre.

Josué M. López, mi hijo y mi mejor amigo, hoy soy un mejor hombre gracias a ti. Me inspiras a ser todo lo que puedo ser. Gracias por tu apoyo y por darme tanta alegría, amor y felicidad.

A mi madre, Flor López, por creer siempre en mí y por ser un ejemplo estelar de perseverancia y amor. Siempre te amaré con todo mi corazón.

A mi padre, Isaac López, por tomar la decisión de traer a nuestra familia a los Estados Unidos, en busca de una vida mejor. Sin su coraje, las puertas de la oportunidad habrían permanecido cerradas.

A mi hermana, Sunny por siempre estar a mi lado y regalarme gratos momentos dándome su amor incondicional. ¡Vive tus sueños!

Con mucho aprecio y admiración, reconocer al autor Raymond Aaron, uno de los mejores 10 vendedores del New York Times y un orador motivacional internacional. Gracias por el apoyo y ayuda para completar mi libro, y por contribuir con el prólogo.

Barbara Dee, editora de la versión en inglés, autora de cuatro libros y socia editorial de clientes en todo Estados Unidos. Ha llevado la calidad de mi libro a un nivel superior con su edición. Estoy muy agradecido de que creyeras en mis sueños y por haberme ayudado en mi viaje para convertirme en un autor publicado. Muchas gracias.

A Alejandro Victoria y Dayan Daniel, mis primos, quiero agradecerles por su ayuda y apoyo, y por trabajar conmigo en este proyecto, con paciencia y pasión.

También quiero agradecer al equipo de Caribbean Companies, LLC, Eduardo Arriola, Armin Ferreras y Enot Angles, por toda su ardua labor y dedicación al negocio. Su compromiso me permitió dedicar el tiempo para escribir y publicar este libro.

Estoy en deuda con mi club internacional de Toastmasters, Sarasota Speakers Exchange. Realmente quiero agradecer a todos los miembros por proporcionar un ambiente de aprendizaje y de apoyo, y ayudarme cada semana a mejorar y convertirme en un mejor orador y entrenador.

Finalmente, estoy agradecido con todos aquellos que directa o indirectamente contribuyeron a mi éxito al motivarme y guiarme en la dirección correcta para terminar este libro.

CAPÍTULO 1
RIQUEZAS REVELADAS

"Cuando tu deseo es ardiente, se superan las excusas y los obstáculos".

Josué López

Cada historia tiene un comienzo, y los orígenes de mi familia están en Cuba. En medio de esta isla existe un pequeño pueblo llamado Sagua La Grande, en la provincia de Villa Clara. Viví ahí con mi familia hasta los 12 años. Era un entorno rural, ideal para que un niño corriera libremente, explorando y aprendiendo de la vida y sus habitantes.

Me encontraba rodeado de un hermoso telón de montañas. Los caballos, vacas, cabras, gallinas y cerdos, junto con la vida silvestre, que incluía jutías y muchas especies de aves, eran parte de la cotidianidad. Siempre estaba pescando o cazando en el monte para comer. A veces subíamos a las lomas para observar el paisaje, y en muchas ocasiones saltaba de lugares altos hacia el río para divertirme, enfrentando mis miedos. Cuando miro hacia atrás y recuerdo esos momentos todavía siento una descarga de adrenalina.

Fui un niño muy aventurero, así que podrás imaginar cuánto odiaba la escuela. No era el aprendizaje lo que me aburría, sino tener que hacerlo mientras estaba sentado en una silla durante horas seguidas. Me sentía atado en la escuela, y en lugar de enseñarme disciplina, parecía alimentar mi deseo de viajar. Había tanto en el mundo exterior que estaba ansioso y curioso por explorar.

En mi casa me enseñaron sobre Dios. Mi familia era muy religiosa y aprendí la importancia de tener una buena relación con nuestro Creador. También comprendí cómo ser agradecido y respetuoso, y el valor del trabajo duro. No recuerdo haber aprendido sobre el dinero, quizás porque mi familia no tenía mucho. No hablábamos sobre cuán pobres éramos, ni sobre cómo podríamos mejorar nuestras circunstancias aumentando nuestros ingresos. Era tal como era. Dábamos gracias por lo que teníamos, y nos las arreglábamos lo mejor que podíamos. Entre todos hacíamos los quehaceres diarios y nos esforzábamos por sobrevivir.

Recuerdo que cada vez que le decía a mi padre que no sabía cómo hacer algo, su respuesta era siempre la misma: *"Aprende, aprende, aprende"*. Poco a poco en mi vida me he ido dando cuenta de que esas palabras son mágicas; parecen tan simples, pero funcionan como magia cuando se aplican en la vida.

Con nueve años estaba a cargo del negocio de carbón de leña de mi abuelo, además de cuidar a nuestros tres caballos, comprar el pan diario e ir a diferentes lugares para encontrar comida. Era un niño muy responsable y siempre quise saber cómo funcionaban las cosas, especialmente los negocios. A pesar de que mi familia y yo trabajábamos, apenas teníamos dinero para cubrir las necesidades.

En 1990 nuestras circunstancias empeoraron aún más. Debido a problemas gubernamentales toda Cuba atravesaba una gran crisis económica. La comida escaseaba mucho. Recuerdo haber comido plátanos hervidos en el almuerzo, sin sal ni aceite,durante bastante tiempo. En varias ocasiones me fui a la cama con hambre. Esto me enseñó lo triste de ser pobre y vivir en la miseria. Y lo peor es que muchas personas que se encuentran en esta situación sufren de escasez mental también, porque no creen que pueden eliminar la pobreza de sus vidas.

Finalmente, mis padres, mi hermana y yo tuvimos la oportunidad de salir de Cuba. Mi padre pagó un alto precio por esta oportunidad: un total de cuatro años en prisión bajo condiciones terribles. En Cuba, cuando un hombre cumple 18 años, la ley exige que forme parte del Servicio Militar Obligatorio (entrenamiento en el ejército). No hay otra opción: servir o terminar en la cárcel. La negativa de mi padre a servir en el ejército, además de olvidar presentarse a una cita del gobierno, resultó en su encarcelamiento.

Lo que aprendí de esta experiencia es que nunca sabemos por qué suceden las cosas. Nos quejamos cuando nos sucede algo malo y nos sentimos terrible, pero podemos tomar alguna enseñanza de lo que nos sucede si así lo decidimos. Me dijo un amigo hace años: *"No hay mal que por bien no venga, ni bien que su mal no traiga"*. En este caso, debido a que mi padre fue a la cárcel, mis padres, mi hermana y yo tuvimos la oportunidad de venir a los Estados Unidos. Esa tortura resultó ser valiosa a largo plazo.

Como supe más tarde, la libertad de expresión y religión, de acuerdo con la Constitución de los Estados Unidos de América, son derechos humanos básicos. EE.UU. tiene un programa de visas para personas que viven en un país donde se violan sus derechos humanos o son perseguidos políticamente. Mi padre, entre otros, había sido encarcelado porque era objetor de conciencia, y se negó a unirse al ejército cubano. Esto hizo que él y su familia inmediata fueran elegibles para el programa de visas. Así pudimos venir legalmente, en avión, a los Estados Unidos, cambiando drásticamente el curso de nuestras vidas para siempre.

COMENZAR LA VIDA EN LOS ESTADOS UNIDOS

Llegamos a los Estados Unidos en septiembre de 1991, cuando tenía 12 años. Nos recibieron en el aeropuerto unos amigos de mis padres. No teníamos familia en este país, ni dinero, pero afortunadamente, mis padres eran ricos en amistades. Beatriz y Reynaldo Roques nos llevaron para su casa y nos quedamos con ellos durante varias semanas, hasta que recibimos algo de dinero de varios amigos y pudimos alquilar un pequeño estudio en Hialeah, Florida. Incluso a la edad de 12 años sabía que lo que ellos hicieron por nuestra familia fue un gran sacrificio, porque el hacerse cargo de nosotros representaba una responsabilidad tremenda. *Esto es algo que nunca daré por sentado, y por lo que mi familia y yo siempre estaremos agradecidos.* Pero a pesar de toda la ayuda, la vida de una persona que emigra hacia otro país es muy dura. Vivir en Hialeah fue especialmente difícil porque no estábamos acostumbrados a vivir en una ciudad y mis padres no podían encontrar trabajo. Finalmente, decidimos mudarnos a Homestead, Florida.

En aquel tiempo, Homestead era una especie de ciudad rural y nos recordaba a nuestro antiguo pueblo pequeño y campestre de Sagua La Grande. Nos encantó. Ya no teníamos montañas, pero yo podía jugar en la calle, y eso me vino muy bien. Mis padres comenzaron a trabajar, y también yo encontré algunos empleos en las tardes y los fines de semana.

En agosto de 1992, once meses después de llegar a los Estados Unidos, y justo cuando comenzábamos a adaptarnos a nuestras nuevas vidas, el huracán Andrew irrumpió directamente en Homestead,

4

causando daños por más de $27 mil millones y dejando a 65 fallecidos. Fue un momento devastador para toda nuestra comunidad, pero estábamos vivos, así que tuvimos que seguir adelante.

Mi familia no perdió mucho porque no poseíamos mucho. No tener electricidad, aire acondicionado o una estufa que funcionara no fue un problema, así habíamos vivido en Cuba. De hecho, por unos días nos sentimos como si estuviéramos allí otra vez. Pero después comenzamos a recibir donaciones y a partir de ese momento siempre tuvimos comida y agua. Ayudé a distribuir muchos de los productos donados en toda la comunidad.

Una vez que los residentes empezaron a reparar y reconstruir, trabajé arreglando techos, ganando lo que pensé que era mucho dinero: $100 por día. Tenía solo 13 años y mis compañeros de trabajo, mayores y más experimentados, ganaban lo mismo porque yo era muy buen trabajador. Como ya mencioné, *a lo malo hay que buscarle lo bueno*, y debido a este huracán tuve empleo. Después de unos meses arreglaron mi escuela, que había quedado muy dañada por la tormenta. No tuve más remedio que renunciar a mi lucrativo trabajo y volver a pasar mis días en un salón de clases.

Seguí buscando empleo los fines de semana y por las tardes. Había algo ardiendo dentro de mí que quería ayudar a mi familia a salir de la pobreza. Lo que deseaba para nosotros era vivir en una casa bonita y espaciosa y tener un buen carro con aire acondicionado. También anhelaba poseer mucho dinero para enviarle a mi familia en Cuba, porque sabía que continuaban viviendo en la pobreza extrema.

Por alguna razón sentí que yo estaba a cargo de cambiar la vida de mi prole para siempre, *y eso me ha dado la motivación para trabajar duro y ha despertado en mí el impulso interno*. Quizás también te sientas así, con un fuerte deseo de avanzar financieramente para mejorar y ayudar a tu familia y a otros.

Al igual que en Cuba, mientras estaba en la escuela creía que estaba perdiendo mi tiempo. A los 15 años, después de terminar el noveno grado, encontré un buen trabajo durante las vacaciones, como ayudante, y ganaba más dinero que mis padres.

Cuando llegó el momento de ingresar al preuniversitario para iniciar décimo grado le dije a mi padre: "No quiero volver a la escuela a perder más mi tiempo. Quiero seguir trabajando". Su respuesta me sorprendió. Dijo: "Está bien, asegúrate de mantener tu trabajo". Eso fue todo. Mi padre también había dejado la escuela cuando era joven, y no veía el valor en ella. Su hermano y hermana, que habían terminado los estudios y tenían carreras, ganaban menos dinero que él en Cuba. Estaba súper contento de saber que no tendría que regresar a la escuela. También estaba seguro de que cuando cumpliera 24 o 25 años sería rico.

Hoy sé que dejar el preuniversitario fue una mala decisión. No sabía cómo escribir o hablar inglés correctamente. Trabajaba como ayudante en una mansión grande durante el día y en una tienda de comestibles Winn-Dixie por la noche. No me tomó muchos años darme cuenta de que para llegar a tener mucho dinero y libertad debía tener mi propio negocio.

Entonces comencé mi primer emprendimiento comprando y arreglando carros para después venderlos, y así me convertí en mecánico. Mas no ganaba mucho dinero porque no sabía nada de negocios y comencé a odiar la mecánica. Decidí probar algo distinto y me involucré en una empresa de multinivel que vendía aspiradoras. Aprendí que no sabía vender. Un amigo y yo empezamos un negocio instalando alarmas y equipos de audio en automóviles, pero tampoco ganábamos mucho dinero. *Yo quería comenzar un negocio y que llovieran los millones.* Como puedes notar tenía mucho que aprender.

Estas primeras aventuras de emprendedor me dejaron completamente decepcionado y en la ruina. Terminé trabajando para otra persona como electricista. Intenté muchas cosas, pero nada me daba el dinero ni el éxito que deseaba. Cuando miro hacia atrás a esos años, **sé que también estaba experimentando muchas luchas internas**. Una parte de mí tenía un deseo ardiente de lograr grandes cosas y tener éxito financiero para vivir una mejor vida, mientras que otra parte dudaba de mi capacidad para lograrlo, sentía que no tenía las posibilidades, la inteligencia, la preparación o la suerte. Cada día la frustración era más grande.

UN NUEVO COMIENZO EN TAMPA, FLORIDA

En Homestead yo trabajaba muy duro, pero no me estaba llenando de riquezas materiales. Sinceramente, culpé a la ciudad y a las personas que vivían allí. No podía ver ninguna oportunidad en ese pueblo. Estaba ansioso por mudarme. Poco después de que mi hermana se casara y se mudara a Tampa, Florida, mi madre me preguntó si yo quería mudarme para allí. Recuerdo haberle dicho: "¿Cuándo empiezo a empacar?"

Dejar a mis amigos en Homestead y comenzar de nuevo en otra ciudad no resultó fácil, pero fue una transición más fácil de lo que habíamos experimentado al venir a Estados Unidos desde Cuba. Cuando llegué a Tampa rápidamente encontré un buen trabajo como electricista y comencé a ahorrar algo de dinero. Tenía la intención de mantener este trabajo en particular, al menos hasta que cumpliera los 18 años.

Como electricista trabajaba de 10 a 14 horas al día para ganar buen dinero. Pero sabía que trabajar para otra persona no me haría rico. En 1997, dos semanas después de mi cumpleaños 18, dejé mi puesto y juré que nunca más volvería a ser empleado de otro. Yo sería mi propio jefe. Obtuve mi licencia comercial para manejar camiones y comencé en ese negocio.

Con el poco dinero que había ahorrado, más un préstamo de un banco, compré un viejo camión por $6,000. El camión era verde y parecía un aguacate gigante. Estaba completamente convencido de que tenía el camión más viejo y feo de todo Tampa Bay, pero eso no me importaba. Mi objetivo era convertirme en mi propio jefe y hacerme rico, no me importaba cómo me veía encima de mi aguacatón.

Desafortunadamente, no sabía lo que sé ahora, e hice lo que la mayoría de las personas hacen cuando trabajan por cuenta propia: *Trabajaba día y noche, pensando que el secreto para hacerme rico y tener éxito era cambiar mi tiempo por dinero.* Creía que mientras más trabajara más ganaría. Con este método llegué a un punto en el que dormía muy poco, a veces dos horas diarias, en ocasiones un poco más y en otros días menos. Hice esto durante años, estaba cambiando mi tiempo y mi salud por dinero.

Para el año 2000 todavía no era rico, el equilibrio en mi vida había desaparecido por completo y no estaba disfrutando el proceso. Algo que pude lograr ese año, después de mucho esfuerzo y sacrificio, fue comprar mi propia casa a la edad de 21 años, en Riverview, Florida. Tener una vivienda de cuatro cuartos y dos baños, en un lote grande, en una bonita zona de la ciudad, fue una gran conquista. Toda mi familia se mudó conmigo, pero mi vida todavía carecía de algo significativo, algo especial.

Continué trabajando duro manejando mi camión. Pasaron algunos años y nunca tomé unas buenas vacaciones. Arreglé la casa que compré y en poco tiempo debía $21,000 dólares en deudas de tarjetas de crédito, sin mencionar los gastos adicionales de tener una casa. Me sentía muy frustrado con la vida porque no me sentía como deseaba.

Sin embargo, por increíble que parezca, pude lograr mi objetivo de volverme rico a los 24 años. Muy, muy rico. Probablemente pienses que debo haber ganado la lotería y, en cierto modo, así fue. *Tuve mucha suerte de conocer y enamorarme de una increíble y hermosa mujer cubana, quien, como yo, tenía grandes metas y sueños.* Después de luchar y sacrificarme durante tanto tiempo, encontré a alguien con quien descubrir las cosas bellas de la vida.

Nos casamos, y la primera noche de nuestra luna de miel nos quedamos en la habitación más grande del hotel Don Cesar, en St. Pete Beach. Desde nuestro gran balcón, con vista al hermoso Golfo de México, sentí que estaba soñando, no podía creer que estaba sobre un hermoso castillo.

Esa noche, después de que mi reina se durmiera, me fui al balcón y me quedé mirando las estrellas y la luna que se reflejaban en el océano. Me sentía como el rey del mundo, me dije a mí mismo: *"Después de todo lo que he vivido, si pude lograr esto, a partir de ahora nada me detendrá".* ¿Recuerdas un día en tu vida en el que te sentiste exactamente así?

Al día siguiente, nos embarcamos en un crucero para continuar nuestra luna de miel de siete días, y fue cuando realmente descubrí que la vida es buena, muy buena. Sabía que mi esposa no se había casado conmigo por dinero, porque no tenía ninguno, pero estar solo con ella sentí que era lo más hermoso y bonito que había experimentado, algo fuera de este mundo.

El barco se detuvo en Labadee, Haití; en Ocho Ríos, Jamaica; en George Town, Gran Caimán y en Cozumel, México. El disfrutar de mi esposa, el lujo del crucero, los hermosos lugares que visitamos, las montañas, las islas, la abundancia infinita de deliciosas comidas y bebidas me hicieron sentir que todos los sacrificios que había hecho valían la pena. *La vida no solo es una gran lucha y sacrificio, sino que también tiene un lado hermoso y bueno, y depende de nosotros explorar todo aspecto de ella.* El ver y disfrutar de todo esto me hacía odiar cada día más la pobreza. Pienso que cada ser humano debe luchar para poder disfrutar la vida a este nivel.

Durante nuestra luna de miel, en la primera parada, mientras mirábamos las montañas de Labadee, mi esposa y yo juramos que cada año nos tomaríamos unas buenas vacaciones, en las que pudiéramos disfrutar de la rica belleza del mundo que nos rodea. Hasta el presente hemos hecho exactamente eso, incluso varias veces al año. Para conseguirlo hemos trabajado arduamente no solo para ganar dinero, sino en nosotros mismos, a fin de mejorar como personas y en nuestro conocimiento intelectual.

Fue alrededor del año 2000 cuando un amigo me habló de Anthony "Tony" Robbins y me prestó un casete de audio. Ahí Tony hablaba sobre la filosofía *kaizen*, un término japonés que significa *"mejora constante e interminable"*. Es un principio que los japoneses, especialmente en la industria, entienden muy bien. No es de extrañar que los japoneses hayan tenido logros y avances de repercusión global en las últimas décadas. *La mejora constante e interminable debe aplicarse a todas las áreas de nuestras vidas.*

¿Trabajas cada día arduamente, no solo para ganar dinero, sino también para mejorar como persona? Si estás leyendo este libro, la respuesta a esa pregunta es: Claro que sí. O al menos acabas de empezar. Una cosa es segura, si no te comprometes a mejorar diariamente, continuarás enfrentándote a muchos problemas indeseables que no sabrás cómo resolver.

Si sigues haciendo lo mismo que siempre has hecho, seguirás obteniendo los mismos resultados que siempre has obtenido. Para obtener un resultado diferente debes hacer algo diferente. El cambio puede parecer difícil e intimidante al principio, pero uno tiene que asumir modificaciones a fin de alcanzar lo que uno desea.

Toma la decisión hoy de leer este libro completo y de aprender algo nuevo todos los días que te ayude a vivir una mejor calidad de vida, tanto a ti como a los demás, y verás que poco a poco las presiones comenzarán a desaparecer porque tomarás decisiones sabias.

Asegúrate de no ir a la cama por la noche siendo la misma persona, cada día transfórmate.

Cuando miro hacia atrás, a mis años de labor y lucha, me es fácil reconocer por qué, aunque siempre trabajaba duro, no obtenía los resultados que deseaba. Probablemente notaste que mi historia giraba en torno a ganar mucho dinero. Trabajé duro en todos los empleos que tuve, pero nunca trabajé duro en mí mismo. No tenía a nadie más a quien culpar por mi falta de riquezas monetarias. No estudié sobre cómo tener éxito en un negocio o cómo construir una empresa, y nunca aprendí a administrar el dinero. Tenía miedo de hablar con la gente, no me sentía competente y no sabía cómo vender. Pensaba que esforzándome mucho se abrirían las puertas de las riquezas del mundo. Pero los ingredientes clave no los poseía y por eso no avanzaba.

Recuerda, siempre sentí que era mi responsabilidad hacerme rico económicamente para ayudar a todas las personas que pudiera a salir de la pobreza. No fue hasta que invertí en mi propio crecimiento, y acepté que necesitaba construirme a mí mismo, que necesitaba cambiar, que empecé a ver excelentes resultados.

A medida que han pasado los años, mis padres y yo hemos podido apoyar a mi familia en Cuba enviando dinero, medicinas, ropa y otros objetos, sacrificando la mayoría de las veces nuestras propias necesidades y deseos.

Desde inicios del año 2017, mi esposa y yo hemos podido ayudar de manera más significativa, debido a que hemos alcanzado la independencia financiera y estamos en una posición cómoda. Sin importar donde vivas en el mundo, si quieres hacer lo mismo, te garantizo que también puedes lograrlo, *pero nada cambiará hasta que estés dispuesto a transformarte*, hasta que te encuentres listo o lista para hacer algo diferente, y te conviertas en una persona fanática del desarrollo personal.

***

ACCIONES A TOMAR AHORA

Todos tenemos una historia. Por lo tanto, quiero que te sientes solo en un lugar tranquilo y en una libreta o en tu computadora, comiences a escribir la tuya. Estamos aquí haciendo una historia, quieras o no. Cuando escribas tu historia no tienes que anotar todos los detalles. Pero desde tu infancia hasta ahora, escribe las cosas positivas que te sucedieron, las que más se destacan, de las que más aprendiste. También te vendrán a tu mente las cosas negativas, pero concéntrate en las que te enseñaron a ser una mejor persona. *Primero tienes que saber exactamente dónde te encuentras hoy, solo así podrás planear hacia dónde quieres ir.* De tu historia puedes aprender lecciones claves.

¿Cómo va tu historia? ¿Te gusta lo que has creado? ¿Te gustaría crear una historia diferente? Tú tienes el poder de crear la historia que deseas. Te lo mostraré.

NOTAS

CAPÍTULO 2
¿QUIÉN ES TU GIGANTE Y CUÁL ES TU MONSTRUO?

"Cuando la batalla es eterna, siempre tienes que estar alerta".

Josué López

LA HISTORIA DE LOS DOS LOBOS

En esta interesante fábula, un abuelo cheroqui está enseñándole a su nieto sobre la vida. Él le dice: "Hay una batalla dentro de mí. Es una contienda terrible en la que están peleando dos lobos. Uno es malo y representa la ira, envidia, dolor, pena, avaricia, arrogancia, autocompasión, culpa, resentimiento, inferioridad, mentiras, falso orgullo, superioridad y ego".

Guardó silencio por unos segundos y continuó: "El otro lobo es bueno: es alegría, paz, amor, esperanza, serenidad, humildad, amabilidad, benevolencia, empatía, generosidad, verdad, compasión y fe. La misma lucha está sucediendo dentro de ti y dentro de todas las personas". El nieto calló por un minuto y luego le preguntó a su abuelo: "¿Qué lobo ganará?"

El viejo cheroqui respondió: *"El que alimentas".*

Cuando escuché esta historia por primera vez me pareció fascinante porque podía identificarme con ella. Toda mi vida he tenido una pelea interior entre dos poderes internos, aunque no necesariamente los caracterizaría como *buenos y malos*. Universalmente, podemos entender la fábula de los lobos sobre el bien contra el mal, pero mis peleas internas han sido un poco diferentes.

Muchas de estas batallas no han tenido gran tamaño, pero algunas han sido terribles. Unas han durado años, y en ocasiones he odiado al ganador. En mi caso, no es solo la lucha entre el bien y el mal; *sino entre lo que quiero lograr en mi vida y lo que creo que soy capaz de alcanzar.*

Pienso que casi todos poseemos esta batalla interior. Por ejemplo, queremos tener la pareja ideal que sea amable, inteligente y atractiva, pero no creemos poder encontrarla porque no nos damos valor o porque pensamos que no nos lo merecemos. Deseamos estar en buena forma física, pero no creemos tener el tiempo o el dinero necesarios para comer sano y hacer ejercicio. Ansiamos una casa bonita y grande en un buen lugar, pero pensamos que nos tomaría toda una vida lograrlo. Anhelamos más dinero, pero creemos que no somos lo suficientemente inteligentes como para lograrlo.

No resulta difícil descubrir estos pensamientos conflictivos cuando hablas con una persona sobre su vida, metas o sueños, sin importar la edad o educación. He escuchado innumerables historias. Por ejemplo, hay personas que quieren ser dueños de sus propios negocios, pero asumen que no tienen las habilidades necesarias o un producto que valga la pena vender. Otras sueñan con alcanzar un mejor puesto en el trabajo, pero creen que hay más posibilidad de que se lo den a alguien que acaba de salir de la universidad. Muchos desean lograr la independencia financiera para sentirse libres, sin presión económica, pero no lo creen posible a menos que ganen la lotería. Constantemente tenemos pensamientos que nos dicen que no podemos tener o conseguir lo que queremos. Lo triste es que muchas personas deciden hacerles caso a estas ideas negativas y no hacen nada.

EL MONSTRUO DESAFÍA AL GIGANTE

Cuando le conté la historia de los lobos a mi hijo, se la narré un poco diferente. Le dije: "Hay una pelea dentro de mí. Es una pelea terrible, y es entre un gigante y un monstruo. El monstruo está lleno de miedo, indecisión, negatividad, duda de sí mismo y carece de fe. De alguna manera, él es un monstruo, pero en realidad es solo una gallina. Él es perezoso, indisciplinado y débil, y tiene una mala actitud. Debido a que es tan desorganizado, nunca se siente preparado, capaz o seguro de sí mismo. Él cree que nunca tendrá éxito porque no es suficientemente inteligente. Solo se enfoca en sobrevivir y no quiere salir de su zona de confort. Le encanta tener malos hábitos".

Mi hijo tenía nueve años en ese tiempo. Noté que su imaginación se tambaleaba con lo que probablemente parecía un cruce entre un monstruo aterrador y una gallina medio muerta y fea. Sentí que tenía su atención, al menos.

Continué: "El gigante es fuerte, no tiene miedo. Tiene una actitud positiva, es disciplinado, valiente y alienta a los demás. Está dispuesto a abandonar su zona de confort y es capaz de lograr grandes cosas. ¿Puedes imaginarte a este gigante?"

Mi hijo asintió con la cabeza. Curiosamente, su comportamiento y lenguaje corporal habían cambiado: se sentó alto y se inclinó hacia mí, ansioso por escuchar más sobre este superhéroe que estaba describiendo.

"Al gigante dentro de mí le encanta ayudar a otros y tiene una fe fuerte. Es organizado y decisivo, y cree en sí mismo. Sabe que es inteligente y se siente preparado para lograr el éxito en todos los aspectos de la vida. Él es lo suficientemente capaz como para lograr todo lo que quiere en la vida. Es muy poderoso".

Esperé unos momentos para que mi hijo asimilara todo lo que había dicho sobre el monstruo y el gigante dentro de mí. Luego lo miré directamente a los ojos y le dije: *"La misma batalla está ocurriendo dentro de ti y dentro de cada hombre y mujer en el planeta. Esto sucede dentro de cada ser humano"*.

Luego le pregunté a mi hijo: "¿Sabes quién gana esta batalla dentro de mí todos los días?".

Me dijo: "No".

Le respondí: "Mira mi comportamiento y mis acciones, y lo descubrirás".

EL PRIMER PASO: DESCUBRIR EL PROBLEMA

Para muchas personas, el mayor dilema de todos los días consiste en tomar la decisión de hacer lo que es bueno o malo. Para otros, como yo, el mayor desafío resulta encontrar el poder interno para lograr lo que queremos. El primer paso es estar consciente. Debes entender que dentro de ti existen estos dos poderes y uno de los dos tiene el control de tu vida.

¿Cómo puedes saber cuál de estos dos poderes te domina? *Mira los resultados en todas las áreas de tu vida: los resultados nunca mienten.*

Puedo garantizar que, en estas batallas internas, a veces, puede parecer que hay una manada de lobos involucrados. Mas cada uno de nosotros puede decidir cuál sale ganador. Recuerda esto: *Todos los poderes que causan gran influencia en los seres humanos quieren*

18

que el monstruo tenga el control de nuestras vidas. Los medios de comunicación, la propaganda, la religión, los gobiernos, etc.

Escribí este libro por el compromiso de compartir mi experiencia, comprensión y mis secretos sobre cómo descubrir el poder interno que todos tenemos. Sigue leyendo y aprenderás a tomar el control de tu vida. Despertarás a tu gigante interno y mantendrás al monstruo exactamente dónde debe estar.

ELIGE ENTRE DOS PODERES INTERNOS

Hay muchas cosas que me impresionan grandemente de todo lo que conozco. *Pero nada me impresiona más que los propios seres humanos.* El gran poder que tienen para hacer cosas buenas y maravillosas, y también lo poderosos que pueden ser para realizar cosas malas.

Si observas y analizas a la humanidad, podrás notar fácilmente que nuestra especie es espectacular y tenemos un poder increíble. Podemos hacer de este mundo un lugar perfecto para vivir, así como tenemos el poder de destruirlo. El poder existe, solo tenemos que tomar la decisión de usarlo de manera correcta. ¿Estás usando todo tu poder de manera correcta?

Imagina cuán diferente sería este mundo si no tuviéramos que gastar más recursos en armamento y tropas para la guerra. Piensa por un momento en si el dinero, la tecnología, todas las mentes inteligentes que se preparan para la guerra, se enfocaran en buscar soluciones a los grandes problemas de la humanidad, cuán diferente sería nuestro planeta. Sería fácil eliminar el hambre, la pobreza y casi todas las enfermedades.

Si todos se concentraran en balancear el mundo y educar a los humanos para mejorar sus vidas y convertirse en mejores personas, podríamos hacer de todo el planeta un lugar espectacular para vivir en poco tiempo.

Quizás estás diciendo con cinismo: "Ese es un buen sueño, pero nunca sucederá", así se expresa el monstruo interno. Si hay algo que he llegado a ver por experiencia propia y evidencia sólida, es que muchos buenos sueños se hacen realidad si el ser humano quiere.

Mira a tu alrededor todo lo bueno del mundo de hoy. Contempla la belleza de nuestro planeta y los increíbles logros que la humanidad ha alcanzado para enriquecer nuestras vidas. *Ahora depende de cada uno de nosotros repetir más de lo bueno.* La mayoría de las veces esperamos que otros mejoren el mundo, o tenemos la mentalidad de que solo Dios puede hacerlo. *Creo que el creador de todo lo que existe puede mejorar el mundo a través de cada persona, y esa persona eres tú.*

Si te esfuerzas por ser lo mejor que puedes ser, un ser humano extraordinario, no solo vivirás una vida maravillosa, sino que también impactarás al planeta de una manera positiva. No se trata de una meta muy complicada ni imposible de realizar.

Recuerda lo que dijo el expresidente de los Estados Unidos, Theodore Roosevelt: "***Haz lo que puedas, con lo que tienes, donde estés***".

Yo diría: *Haz lo más que puedas, con todo lo que tienes, donde quiera que te encuentres.*

Ahora mismo, ¿qué harás diferente para empezar a caminar en la dirección correcta? Si hoy te domina el monstruo interno, entonces probablemente no sepas qué hacer. Pero si ya descubriste tu gigante interior entonces sabrás cómo proceder, aunque quizás tengas un conflicto interno.

Siempre tendrás un conflicto entre el gigante y el monstruo. *Porque ni uno ni el otro pueden ser destruidos.* Mientras vivas, ambos estarán dentro de ti. El gigante te hará sentir poderoso para que puedas vivir la vida que sueñas: una vida llena de paz, abundancia y felicidad; el monstruo te mantendrá atrapado en la frustración y el sufrimiento. Si hoy te sientes así, ya sabes por qué. Entonces decide cambiar.

Si bien ambos poderes existen, el monstruo vive solo en tu mente, mientras que el gigante reside en tu corazón. El monstruo es esa parte negativa de tu mente que constantemente genera pensamientos limitantes. Te hace sentir lleno de dudas, incredulidad, preocupaciones, miedos. Es la parte que dice: "¿Para qué estás leyendo este libro? Eres un tonto, estás perdiendo tiempo". Tu monstruo ni siquiera te deja ver las cosas como realmente son. Él nubla los pensamientos y la visión.

Cuando piensas en todo lo bueno que quieres lograr, lo que te gustaría hacer por ti, tu familia y otras personas…¿de dónde viene toda esa bondad? Es de tu corazón. Así como el monstruo genera energía negativa en tu mente, el gigante que vive en tu corazón genera energía positiva.

Ahora que tienes esta distinción clara, te diré una verdad. Todo lo negativo que viene a nuestra cabeza no es real, se trata solo de historias o grabaciones que has oído a lo largo de tu vida, que se han convertido en tu *sistema de creencias.* Si no te están dando el resultado que deseas, entonces toma la decisión ahora mismo de cambiar. Sigue a tu corazón, deja que tu gigante te guíe. Él siempre sabrá lo que es mejor para ti. Pero debes empezar hoy mismo a confiar en él, si todavía no lo has hecho.

Tienes todo lo que necesitas dentro de ti para crear la vida que deseas, pero debes usar tu poder interno para ser más de lo que hoy eres. La vida es muy valiosa, así que debes dejar que tu gigante tome el control de ella, y él te llevará a donde quieras ir y más allá.

Muchos no invertimos tiempo en meditar sobre estos dos poderes internos. Los sentimos, pero no los entendemos y no sabemos cómo aplicarlos o manipularlos. Diariamente estamos librando una batalla interna, sin embargo, no nos damos cuenta de lo que nos está sucediendo. Es por eso que muchos se rinden y simplemente se centran en la supervivencia, en lugar de centrarse en crear una vida mejor. Dedícale tiempo a entender esta lucha interna y haz un análisis con sabiduría, porque *"el conocimiento es poder"*.

EL GIGANTE INTERNO

¿Por qué creo que lo que tenemos dentro es un gigante? Imagina las cosas buenas que millones de personas han hecho por la humanidad, o tal vez por ti. Mucha gente no ha permitido que su monstruo interior tome el control.

Si estudias la vida de personas muy exitosas descubrirás que han aprovechado el poder de su gigante interno para lograr cosas extraordinarias y constructivas. Muchos de ellos han impactado mi vida de una manera positiva. Es sorprendente cuántas veces los más exitosos dirán algo como: *"Vine de humildes comienzos. Si yo puedo hacer esto, tú también puedes"*. Yo elijo creerles, y tú también puedes decidir creer esto por ti mismo.

Lo que convierte a todos estos seres en extraordinarios es que están dispuestos a hacer algo que la mayoría no está dispuesta a hacer, y tienen una mejor comprensión de sí mismos. *La realidad es que todos tenemos el potencial de ser extraordinarios. Ya tenemos lo que necesitamos dentro de nosotros, no solo para construir una vida exitosa, sino también para hacer cambios positivos e importantes en el mundo.* Simplemente debemos estar dispuestos y ser capaces de cumplir con nuestro deseo ardiente y hacer lo correcto.

Por lo general, *resulta más fácil simplemente crear excusas y evitar pagar el precio*. Hay que tomar riesgos y explorar cada aspecto de la vida porque las recompensas son muy grandes. Cuando te estudias a ti mismo o a ti misma y tienes una gran comprensión de tu carácter y personalidad, será más fácil actuar de forma auténtica y real.

¿Serás parte del grupo disciplinado que dedicará tiempo y esfuerzo a descubrir todo su potencial? ¿Vas a creer en ti? Tienes lo que necesitas para salir adelante, solo debes hacer las cosas de manera diferente a como las has hecho. Antes de responder a mis preguntas, permíteme darte algunos ejemplos para que puedas comprender mejor a tu propio gigante y a tu monstruo:

Son las 5:00 de la mañana y su alarma suena. Es hora de levantarse para que puedas ir al gimnasio antes del trabajo, pero tu mente empieza a crear excusas y justificaciones para quedarse durmiendo un poco más en la cálida y cómoda cama. Escuchas: "No te levantes ahora, necesitas más descanso. Puedes ir al gimnasio después del trabajo". (Tu monstruo)

Pero presta cuidadosa atención y vas a escuchar a una vocecita que dice: "Levántate y cumple tu plan para que puedas mantenerte sano, fuerte, en forma y con energía". (Tu gigante)

Llegas a casa después de un largo día de trabajo y una parte de ti solo quiere sentarse frente al televisor durante tres horas, desconectarse y no hacer absolutamente nada. (Tu monstruo)

Pero presta atención, y escucharás la voz que te dice: "Descansa unos 30 minutos y después lee un poco ese libro de desarrollo personal que comenzaste la semana pasada. Recuerda lo inspirado y motivado que te hizo sentir. Usa el tiempo sabiamente y aprenderás cosas que te ayudarán a vivir una vida mejor". (Tu gigante)

Cuando es hora de comer, tu mente y tu estómago quieren que te hartes con tres platos de comida no saludable, aun sabiendo que tu objetivo es perder 20 libras. (Tu monstruo)

Escucha de nuevo y sentirás algo que te recuerda que un pequeño plato de comida es suficiente para mantener tu cuerpo nutrido y saludable. (Tu gigante)

Llegó el fin de semana y habías planeado limpiar la casa y organizar el garaje, pero ahora estás pensando que solo quieres descansar junto a la piscina y no hacer absolutamente nada. (Tu monstruo)

Pero si prestas atención, algo te dirá que cumplas con el plan y después te puedes dar la recompensa de descansar junto a la piscina. (Tu gigante)

Se te ocurrió una gran idea de negocio, pero a tu mente vienen pensamientos que te dicen que no eres lo suficientemente inteligente: no tienes un título universitario; naciste pobre y siempre serás pobre; no puedes tener éxito en este lugar donde vives; no tienes buena suerte; la mayoría de las personas que empiezan su propio negocio fracasan. (Tu monstruo)

Sin embargo, otra voz te dice que puedes lograrlo si de verdad quieres. Ten valor y enfrenta tus miedos. Sé disciplinado o disciplinada. Haz un plan y empieza el proceso. Elige cada día aprender algo nuevo e importante para lograr el éxito en lo que quieres. Puedes tener tu propio negocio y de seguro lo lograrás, porque si otros lo han logrado tú también puedes. (Tu gigante)

EL GRAN PERDEDOR

¿Por qué creo que lo que llevamos dentro es también un monstruo? Solo piensa por un minuto. Piensa en las cosas horribles que has visto hacer a los humanos. Piensa en el terrorismo y en los que eligen llenarse los cuerpos de bombas para matar a inocentes. Piensa en lo que algunos humanos han hecho a sus propias familias y a sus hijos. Algunos han usado armas y disparado en escuelas, bancos y clubs nocturnos sin ninguna razón lógica, excepto para difundir el odio y la violencia. Sí, lamentablemente, la gente hace cosas terribles a los demás todos los días. *Cuando el monstruo gana, todos pierden.*

Piensa también en lo que las personas se hacen a sí mismas. Se estima que 160 millones de estadounidenses son obesos o tienen sobrepeso, según el sitio web www.healthdata.org. Sin embargo, no tenemos que buscar ninguna estadística para reconocer que se trata de un problema significativo, tanto en los Estados Unidos como en otras partes del mundo desarrollado. Muchos argumentan que los alimentos procesados son los culpables, así como todas las bebidas azucaradas que tenemos disponibles desde temprana edad. No estoy en desacuerdo con estos argumentos, pero me pregunto: ¿por qué hay otras personas que viven en los mismos entornos que no tienen sobrepeso?

Creo que un factor importante es que estos individuos tienen un mejor control de sí mismos, de sus mentes y de cuánto eligen consumir. Otros con menos autocontrol comen en exceso y no hacen nada de ejercicio para mantenerse en forma. De hecho, sé que para estos el estar saludable y en buena forma física resulta importante. Desafortunadamente, debido a que son gobernados por el monstruo interno, no tienen el autodominio necesario para hacer lo que deben hacer.

Cuando veo a alguien luchando contra la obesidad, muestra que también está luchando con su propio monstruo interno porque está siendo controlado por él. Si usted es una de estas personas, estoy seguro de que lo que aprenderá en este libro lo ayudará a tomar el control de su vida y dirigirse en la dirección correcta.

Otra área en la que el monstruo interno domina a muchas personas es en la adicción, y ni siquiera estoy hablando de adicción a las drogas. Basta con mirar la cantidad de gente adicta al tabaco. Aproximadamente 37.8 millones de adultos en los Estados Unidos fuman cigarrillos en la actualidad, mientras 15 millones de personas tienen problemas con el alcoholismo. Es posible que no siempre hablen de ello, pero a menudo la adicción se desarrolla porque alguien no está satisfecho con su propia vida e intentan enmascarar el dolor con sustancias nocivas. No creen que puedan cambiarse a sí mismos o que puedan modificar sus circunstancias. No creen que pueden crear una mejor vida. El dolor y la infelicidad continúan, y también la adicción.

La creencia negativa de que somos incapaces de ser extraordinarios nos afecta a todos, en muchos casos comienza cuando somos jóvenes. Recientemente tuve el privilegio de hablar en una escuela secundaria donde había alrededor de 500 jóvenes, todos entre las edades de 11 y 14 años, y les pregunté: "¿Cuántos de ustedes creen que terminarán este año escolar con excelentes calificaciones en todas sus clases?" Solo el 5% levantó la mano. Finalmente descubrí cuál era el problema: si estos jóvenes no creen que pueden lograr esto, no importa la ayuda que reciban, no lo lograrán. Todo empieza por nuestras creencias. Henry Ford lo expresó de esta manera: *"Si crees que puedes hacer algo o no, tienes razón"*.

Los adultos también tienen creencias muy limitadas. Por ejemplo, la gran mayoría no cree que pueda tener gran éxito en todas las áreas de su vida y que no podrá alcanzar su máximo potencial. Cada vez que le hacemos caso a estos pensamientos negativos nuestro monstruo interior gana, dejamos de creer en nosotros mismos. Este monstruo es tan poderoso que controla a la mayoría de las personas en el mundo. Es la razón por la cual pocos descubren todo su máximo potencial. Entonces: ¿seguirás dejando que ese monstruo te controle y te esclavice?

Puedes continuar permitiendo que tu monstruo te controle, eso es exactamente lo que quiere que hagas. O puedes decidir tomar el control de tu vida ahora mismo. Afortunadamente, tienes un gigante interno que puede ayudarte a hacerlo. No puedes cambiar el pasado, pero puedes garantizar un mejor futuro para ti y para las personas que te rodean.

Primeramente, *observa tu sistema de creencias porque te ha dado lo que hoy tienes.* Quizás debes estar dispuesto o dispuesta a hacer las cosas de manera diferente para obtener nuevos resultados y mejores. Para ayudarte a obtener la vida de tus sueños es una de las razones por las que escribí este libro. Me gusta compartir las cosas que he aprendido y que han funcionado para mí. Las puertas de la oportunidad se siguen abriendo para seguir mi pasión por enseñar. Hablo con grupos de todas las edades, dirijo talleres de fin de semana y me he dedicado a escribir este libro en lugar de otras formas en que podría haber invertido mi tiempo libre. Es un privilegio y una pasión para mí compartir lo que, estoy seguro, puede cambiarte la vida.

HORA DE ELEGIR

Si te comprometes a leer este libro por completo y sigues los pasos que te daré en él, tu gigante tomará el control de tu vida para siempre. Si trabajas en ti mismo y decides hoy cambiar tu vida, en un corto período lograrás lo que deseas. Pero antes, debes elegir: ¿Continuarás dejando que tu monstruo tenga todo el poder, o le darás el control a tu gigante? No tomes esta decisión a la ligera. Te aseguro que es una de las más importantes de tu vida.

El camino que elijas hoy determinará cómo será tu vida, tanto en el presente como en el futuro. Cada acción que tomes te acercará o alejará más de las cosas importantes que deseas lograr. ¿Por qué posponer la vida que quieres vivir? Así es como un filósofo español expresó:

"No podemos posponer el vivir hasta que estemos preparados.
El rasgo más característico de la vida es su urgencia:
'aquí y ahora' sin aplazamiento posible.
La vida nos es disparada bocajarro".
Ortega y Gasset

Si todavía crees que esta decisión no es importante y urgente, te garantizo que tu monstruo interno tiene el control. Piensa en cómo esta decisión puede perjudicar o beneficiar tu propia vida, pero también piensa en el efecto que puede tener en quienes te rodean. Pregúntate: "¿Viven mis padres como yo quiero que ellos vivan o me gustaría que vivieran mejor?"

¿Qué tal tu pareja, tus hijos? ¿Te gustaría tener más tiempo para ellos y darles una mejor calidad de vida? Piensa en tus amigos y en las personas que nunca has conocido. A veces no nos damos cuenta del impacto que cada decisión que tomamos tiene en nosotros y en los demás.

Si lanzas una piedra en el agua verás cómo se forman ondas y estas ondas se expanden y pueden llegar muy lejos. De la misma forma, una decisión puede tener un gran impacto a largo plazo, sea positivo o negativo. El hecho de que la mayoría de las personas son controladas por su monstruo interior nos perjudica a todos, pero cuando alguien es guiado por el gigante todos nos beneficiamos.

La vida es valiosa y no debe desperdiciarse. Fuiste elegido para vivir en este planeta, y tienes la responsabilidad de descubrir el por qué y alcanzar tu máximo potencial. Todo lo que necesitas para lograrlo está dentro de ti. La mayoría de la gente no lo sabe y, aún si se lo dices, no lo creen.

Si dices que quieres más paz en tu vida, esto es lo primero que recibirás. ¿Más felicidad? La tendrás en abundancia. ¿Deseas cambiar de profesión o tener tu propio negocio? ¿Escribir un libro o hablar en público? ¿Impactar a un gran número de personas con tu propia filosofía? ¡También puedes conseguirlo! ¿Qué tal ganar suficiente dinero para sentirte libre y poder hacer todo lo que deseas? Cuando decidimos dejar que nuestro gigante nos guíe, en ese mismo instante, nuestra vida empieza a cambiar.

En el momento que elijas dar el control de tu vida a tu gigante, es tu responsabilidad proporcionarle las herramientas necesarias para nutrirlo y fortalecerlo. En los próximos capítulos, aprenderás a usar las herramientas principales para que tu gigante te haga sentir invencible.

EL PORQUÉ DE TU GIGANTE

Si tomaste la decisión correcta, a partir de hoy tu gigante te controlará. Pero hay algo más que debe quedar claro: *¿Cuál es tu porqué?* Todos tenemos uno diferente. Por ello debes descubrir qué es lo que te motiva.

Por ejemplo, algunas personas quieren tener más tiempo para sí mismas y para su familia. Otros quieren viajar por el mundo y experimentar la vida fuera de su rutina diaria. Para unos, la mayor motivación es salir de la pobreza y lograr la libertad financiera. Tal vez para otros se trata de encontrar la cura de una enfermedad para salvar vidas y hacer de este mundo un lugar mejor.

"Todas las grandes organizaciones del mundo tienen una idea de por qué esa organización hace lo que hace".
Simon Sinek

Si has meditado profundamente en todo lo que has leído probablemente ya sepas cuál es mi porqué, pero lo compartiré contigo nuevamente.

Después de venir a los Estados Unidos desde Cuba, sentí que era mi responsabilidad ayudar a mis parientes a salir de la pobreza extrema, no solo a los miembros cercanos de mi familia en EEUU, sino también a los que dejé en Cuba.

Todos los días trabajé duro, no solo para mejorar mi vida y lograr todas las cosas que quería alcanzar, sino también porque deseaba eliminar la pobreza de mi familia y garantizarles una mejor calidad de vida. **Este es mi mayor porqué.** Cuando cumplí 38 años, había logrado muchos de los objetivos que me propuse.

Siempre he ayudado a mi familia lo mejor que he podido, pero solo en los últimos años he podido aportar de una manera más significativa. Todo esto lo he logrado porque tomé la decisión de dejar que mi gigante controlara mi vida.

Cada día tengo más tiempo y recursos para poder brindar, pero la realidad es que hice muchos sacrificios para poder estar en esa posición. *Todo lo valioso va a requerir de ti un esfuerzo, y quizás por momentos sientas que son sacrificios.* Pero escucha esto, si estás haciendo las cosas bien, el sacrificio no será eterno. La mayoría de las personas se sacrifican todos los días para solamente sobrevivir. Esto es un grave error, no caigas en esa trampa. Si te encuentras ahí, no estás actuando sabiamente, no te está guiando tu gigante. Si te sacrificas es para crear algo que produzca dinero sin que dependa de ti.

Por ejemplo, he aprendido que la mayoría de las personas no saben mucho sobre dinero, incluida mi familia. Si no sabes y no conoces sobre el dinero, estudiálo. *Los problemas de dinero no se pueden resolver con más dinero.* Esto va en contra de lo que la mayoría de nosotros queremos creer. Por lo regular, cuando una persona vive en la pobreza es por la mentalidad que tienen sobre el dinero. Vivir de cobro en cobro, eso es todo lo que saben. Es un círculo vicioso del que es difícil separarse. Si no tienes mucho dinero, lo primero que debes aprender es a administrar lo que tienes.

Ten en cuenta tres cosas:

1–Ganar dinero. 2–Quedarte con el dinero. 3–Multiplicarlo. Así es como puedes resolver problemas de dinero. El capítulo 10 abordará el tema dinero, sé paciente.

Aprende a invertir tu ganancia. Aprende a cómo hacer que tu dinero trabaje para ti. No es malo trabajar para obtener dinero; lo malo es tener que hacer esto toda una vida sin poner el dinero a trabajar para ti. Si no haces esto, el monstruo te está controlando y él no quiere que hagas nada diferente de lo que haces todos los días. Si no estás contento con los resultados que el monstruo te ha dado, ¿qué mejor momento que ahora para aprender a confiar en tu gigante, hacer las cosas de una manera diferente y poner tu dinero a trabajar para ti?

Para ganar en el juego de la vida, la regla número uno es saber nuestro porqué, nuestra motivación. Para lograr el éxito, si no lo has alcanzado en algún área de tu vida, te diré que tendrás que hacer cosas nuevas que probablemente has evitado por miedo, pereza o falta de motivación. En nuestro porqué es donde encontraremos el mayor incentivo. Por eso debes seguir mejorando y trabajando en ti mismo o en ti misma. Todos los días, hasta que sepas claramente cuál es tu porqué. Sigue haciéndote esta pregunta hasta que descubras claramente la respuesta.

***

ACCIONES A TOMAR AHORA

Ahora que has decidido dejar que tu gigante tome el control, el primer paso a seguir es hallar claramente tu **porqué**. Siéntate en un lugar tranquilo, enfoca tu mente, encuentra a tu gigante, habla con él y pregúntale: ¿Qué es lo que realmente **quieres** en la vida y por qué **motivo**? Quédate quieto y escucha. Escribe lo que sientes en tu corazón y en tu mente. Incluso aunque no lo veas con total claridad, escribe tus pensamientos a medida que se van formando.

Después prométele a tu gigante que a partir de hoy tendrá todo el control sobre ti. Y dile al monstruo que sus días de reinado han terminado.

NOTAS

_____

_____

_____

_____

_____

_____

_____

_____

_____

_____

_____

_____

_____

CAPÍTULO 3
TU PROPÓSITO TE DA PODER

"Los esfuerzos y el coraje no son suficientes sin propósito y dirección".
John F. Kennedy

¿POR QUÉ ES IMPORTANTE TENER UN PROPÓSITO?

Guando escuchas la palabra propósito, ¿qué es lo primero que te viene a la mente? Algunos diccionarios definen propósito como *"una determinación firme de hacer o de no hacer algo, o un objetivo que se pretende alcanzar"*. *"O la razon por la que algo se hace o se crea"*. Hay personas que rápidamente piensan en el propósito de la vida, otras en obtener un título universitario, o en encontrar la cura para una enfermedad, o en alcanzar la libertad financiera. Por supuesto, algunos creen que su propósito es hacer el mal, causando daño o matando a inocentes, pero no queremos centrarnos en esos, sino en aquellos que mejorarán nuestra vida y las de los demás.

¿Crees que resulta necesario tener un propósito? Siempre he pensado que esto es esencial, mas cuando investigué sobre el tema, noté que algunos expertos no creen que vivir con un propósito sea buena idea. Se excusan tras la idea de que muchos se esfuerzan por llevar a cabo sus propósitos y hacen grandes sacrificios durante años para obtener lo que quieren, pero no disfrutan la vida en el proceso.

Su visión de túnel los impulsa a concentrarse demasiado, y pierden el balance.

Otra desventaja que esgrimen acerca de vivir con un propósito es que, una vez que consigues aquello por lo que luchaste tanto, te invade un gran vacío, puesto que no queda nada más por lo que trabajar. Por ejemplo, en muchos casos quienes han alcanzado el éxito económico terminan preguntándose: "¿Y ahora qué?"

Vivir con un propósito tiene sus riesgos. Tal vez forma parte de la naturaleza humana que nos resulte difícil mantener el equilibrio. Imagina que deseas llegar a la cima de una montaña muy alta. Ese es tu propósito y lo quieres lograr lo antes posible. Mientras vas escalando la montaña pierdes el balance y tropiezas. Luego te enfocas en no caerte a medida que vas subiendo y olvidas disfrutar el paisaje y el recorrido. *Es importante recordar que la vida se vive durante el proceso y es esencial que aprendamos a disfrutarlo.*

Siempre hay obstáculos que enfrentar en el camino al éxito. Si los vencemos correctamente nos fortaleceremos. No dejes que los desafíos te desanimen, en lugar de eso trata de verlos como un desvío a la cima. Quizás ellos te lleven por una ruta aún más hermosa.

Si no tienes tus propósitos claros te será fácil rendirte cuando choques con inconvenientes. *Cuando no tienes un propósito definido te dará lo mismo avanzar o dar vueltas en círculos.* Sin un buen propósito en mente, no crecerás como persona, no alcanzarás tu máximo potencial y nunca verás el hermoso paisaje que se aprecia desde arriba.

Quienes viven con buenos propósitos tienen creencias y valores esenciales que influyen en sus decisiones. Son personas de alta integridad y se ganan la confianza y el respeto de los demás. Logran el equilibrio y ponen sus corazones en la construcción de relaciones con amigos y familiares. Hacen más por su país y por la humanidad. Les sobran razones para sentirse poderosos.

Coincido con los expertos que sí creen que para ganar en el juego de la vida nos debe guiar un propósito claro y esto nos ayudará a alcanzar nuestras metas y sueños mucho más rápido.

Tu gigante interior prospera cuando te impulsa un propósito claro. Nuestro gigante necesita claridad sobre qué dirección tomar y por qué.

PROPÓSITO Y MISIÓN

Pienso que existe una gran diferencia entre propósito y misión. Cuando leemos o escuchamos la palabra misión esta se define como una tarea importante llevada a cabo con fines políticos, religiosos o comerciales, que en ocasiones requiere un viaje. Un astronauta tiene una misión, un evangelista que se dirige a otro continente para comenzar una iglesia tiene una misión, un gerente de marketing con la tarea de hacer que una nueva marca sea conocida en todo el país tiene una misión. Ahora, cuando escucho a las personas hablar sobre un propósito o una misión en la vida, creo que hablan de la misma cosa.

Mas yo lo entiendo de otro modo. Siempre he trabajado duro para lograr mi propósito, sea lo que fuera. Sin embargo, mi misión debería tener un impacto incluso después de que mis días hayan terminado. Por ejemplo, la misión de mi vida es esta: *"**Eliminar la pobreza de las mentes de las personas y de sus vidas**". Lo primero que hice fue borrar la pobreza de mi propia mente.* Al hacer esto, pude erradicarla también de mi vida. Ahora estoy trabajando duro para suprimir la pobreza de la vida de mi familia. Una vez pueda decir que lo he logrado, continuaré ayudando a otros.

Sé que no eliminaré la pobreza de toda la humanidad, pero cuando yo no exista sé que habré impactado a millones. Habré ayudado a hacer la diferencia y otros continuarán con esta misión. Mis propósitos me guiarán a lograr mi misión, y por eso los tengo claros y trabajo duro para conseguirlos. Escribí este libro con la intención de ayudarte a vivir mejor y si lo logro estaré cumpliendo con mi misión.

Cuando defines tu propósito, produces una energía incomparable. Tu gigante prospera cuando te rigen un propósito y una misión. Si el gigante comienza cada día con un propósito en mente, le resultará fácil encontrar la energía, el deseo y el poder para realizar cualquier tarea necesaria.

En este momento, puede que aún no sepas exactamente cuál es tu misión. En verdad, esto sucede con muchas personas, pero te ayudaré a descubrirla. Por supuesto, algunos conocen desde muy temprana edad lo que quieren. Muchos sienten que están destinados a ser cantantes o grandes atletas. Mi esposa siempre supo que sería contadora. Esa es su profesión y hoy le encanta ayudar a otros de esa manera en particular. Hay gente con grandes dones y habilidades, y tienen claros sus propósitos y su misión, pero no todos somos así.

En mi caso, hasta que cumplí 38 años no supe cuál era mi misión, mas eso no me impidió tratar de alcanzar mis metas y tener propósitos definidos. Salir de la pobreza, tener mi propio negocio, lograr la independencia financiera, en todo lo que hacía llevaba un propósito en mente. Vivir con él cada día me preparó para descubrir **mi misión en la vida**.

PROPÓSITO CLARO Y ESPECÍFICO

Algunas cosas en la vida son mayores, más importantes y más difíciles de conseguir que otras. Nosotros somos quienes tenemos la oportunidad de decidir a cuál daremos prioridad. Para mí, cuidar mi mente y mi cuerpo constituye una de mis prioridades. Me gusta la meditación, hacer ejercicio y comer sano. En lugar de centrarme en lo que no debería comer, me resulta fácil comer alimentos nutritivos y deliciosos que sirvan de combustible para mi cuerpo.

Un amigo me dijo que pensara en cómo una auxiliar de vuelo, cuando se dirige a los pasajeros de un avión, siempre dice que, en caso de emergencia, si la máscara de oxígeno que se encuentra sobre el asiento se cae, usted debe ponérsela primero, antes de ayudar a su hijo o a la persona a su lado. No representa nada egoísta cuidarse a sí mismo, en realidad es la mejor manera de ayudar a otros.

Ahora analiza esta pregunta, ¿para qué lograr cosas maravillosas si luego no tendrás salud para disfrutarlas? Esto es lo que me motiva a tomar decisiones correctas todos los días. ¡Necesito un cuerpo bien nutrido y fuerte que me lleve a la cima de la montaña! Si quieres tener tu propio negocio, ayudar a los pobres, ser financieramente independiente, etc., ¿cuál es tu propósito específico? Si comienzas un negocio y tu razón principal es ganar dinero y hacerte rico, eso no actúa como un buen propósito. Sin embargo, si tu propósito es resolver un problema para las personas y hacerte rico en el proceso, entonces estás en el camino correcto.

Si al igual que yo ansías eliminar la pobreza porque sueñas con dejar el mundo mejor de lo que lo encontraste, esto constituye un buen propósito. Pero ten esto en mente, *la mejor manera de ayudar a los pobres es no siendo uno de ellos.* Como en el ejemplo de la máscara de oxígeno, primero debes concentrarte en salir tú de la pobreza.

Si buscas alcanzar la independencia financiera porque quieres ver televisión o porque quieres jugar videojuegos todo el día, esto podría no ser un propósito lo suficientemente grande. Si tu objetivo es contar con más tiempo para pasar con tu familia, o para trabajar en la misión de tu vida o sentir que nunca más tendrás que preocuparte por el dinero, estos propósitos son de gran valor.

Pienso que cada ser humano debe esforzarse por ser extremadamente rico sin aprovecharse de otros. En el año 2000 conocí a varias personas que ya habían acumulado bastante riqueza. Uno de ellos fue Guy Shashaty, un representante de Primerica, una compañía que provee planes financieros y seguros. Durante una reunión de negocios, me miró y dijo estas palabras que nunca olvidaré: *"El dinero te hace más de lo que ya eres"*. Si tienes un corazón malo, con el dinero vas a hacer cosas terribles. Si tienes un corazón bueno, con dinero harás maravillas.

Si posees mucho dinero puedes causar mayor impacto si ese es tu propósito. Pero primero, para alcanzar ese nivel de éxito y riqueza, es importante que mantengas tus propósitos muy claros. *La claridad te da poder*. Con un propósito claro y específico puedes establecer metas, elaborar un plan o utilizar un sistema para tomar medidas masivas.

TENER UN PROPÓSITO TE HACE DIFERENTE

Cuando me casé, con 24 años, mi esposa y yo hicimos un plan financiero, y la compañía que utilizamos fue Primerica Financial Service. Queríamos saber exactamente cuál sería la fecha en que lograríamos la libertad financiera y la cantidad de dinero que necesitábamos para alcanzarla. Para nosotros esta fue una de nuestras prioridades más importantes, resultaba muy especial porque ambos compartíamos ese deseo.

Presta atención a este detalle, *guardábamos **por escrito** nuestro plan a seguir para lograr el objetivo*. Nos tomó 14 años conseguirlo, y hoy vivimos como queremos vivir, sin preocuparnos por el dinero. Para muchas personas esto parece imposible, pero quiero que sepas que no lo es. Solo tienes que decidirlo con determinación y comprometerte a ser libre. Este puede ser uno de tus mayores propósitos.

Hoy mi esposa y yo estamos trabajando duro para ser millonarios. Cuando comparto este objetivo con la gente muchos se sorprenden debido a que les parece una hazaña imposible de alcanzar, creen que estamos locos. Esto sucede porque los dirige su monstruo interno y creen que obtener riquezas está fuera de su alcance, piensan que las riquezas son solo para quienes conocen algún secreto o poseen una clave extraordinaria.

En realidad, todos los secretos de la riqueza ya han sido revelados. Probablemente has escuchado el consejo de alguien con muchas riquezas y esto puede ser beneficioso, *pero cada uno de nosotros debe diseñar su propio camino hacia el éxito.* En este libro, no solo explico varios de estos secretos, sino que te enseñaré cómo entrenar a tu gigante interior para que te ayude a lograr todo lo que deseas.

VIVE LIBRE DEL DOMINIO DE TU MONSTRUO

A medida que leas y aprendas debes tener en cuenta que, en muchos casos, las personas que te rodean, como tus familiares, amigos, compañeros de trabajo, etc., te detienen en este camino. La negatividad a nuestro alrededor es muy pesada. Será mucho más difícil salir de la pobreza o lograr grandes cosas cargando el peso de quienes te rodean, que todavía son controladas por su monstruo. Hoy tu gigante te guía, por eso debes cuidarte, pues los monstruos reclutan monstruos, intentarán mantenerte en el mismo lugar donde ellos se encuentran.

Pueden desanimarte y decirte que lo que quieres lograr es imposible, que no tienes la experiencia, que no eres lo suficientemente inteligente, que hay mucha competencia en el mundo, que la economía está débil, o que eres demasiado viejo o demasiado joven. A menudo no lo hacen por malicia o conscientemente sino por su propio miedo al fracaso. *No creen que el éxito que buscas sea posible y no quieren que sufras una decepción que asumen será inevitable.* Si te comprometes con tus propósitos y tu misión, debes mantenerte alejado de estas influencias negativas. Si no cambian la mentalidad, las personas negativas nunca estarán satisfechas con sus conquistas. Vivirán siempre en el pasado o soñando con ganarse la lotería. Su propio monstruo tiene control total sobre ellos.

Hoy te guía tu gigante interior, y los gigantes reclutan gigantes. Trata de asociarte con personas exitosas para que puedas aprender de ellas. *Algo que resulta difícil de aceptar para todos es que, si las personas que nos rodean no pueden cambiar, quizá debamos cambiar a quienes nos rodean.*

Probablemente nunca antes has analizado a la gente con la que pasas tiempo para descubrir si son controladas por su monstruo o su gigante. Ahora que conoces este concepto lo notarás fácilmente en ellas, así que ten precaución para que no te rodeen monstruos. A veces hay que tomar decisiones radicales para vivir mejor.

TU LEGADO PUEDE SER GIGANTESCO

¿Para qué trabajas? ¿Qué quieres lograr antes de que terminen tus días en la Tierra? ¿Cuál será tu legado? Ya que eres único, nunca antes ha habido alguien como tú y después de ti no vivirá alguien igual. Entonces debes llegar a ser plenamente quien has de ser.

¿Puedes decir con confianza hoy fui todo lo mejor que pude haber sido? ¿Di lo mejor de mí en todo lo que hice este día? Esto solo es posible cuando tu gigante tiene el control. Escribe una historia irrepetible, explora cada parte de la vida en nuestro planeta. Haz la diferencia en otras personas y serás recordado como alguien que dejó este mundo mejor de lo que lo encontró.

Debes pensar en tu legado, en lo que dejarás para las próximas generaciones. ¿Dejarás exactamente lo mismo que te dejaron a ti, o romperás el ciclo? En el universo y en nuestro planeta existe inmensa abundancia. *Hay riquezas para todos. Sí, sí, también para ti.* Yo creo en la igualdad, pero igualdad en la riqueza no en la miseria. Tristemente muchos quieren riquezas sin hacer nada y esto es robo. Otros solo quieren riquezas para sí y se olvidan de los demás y esto es avaricia. Por eso es esencial que analices tus propósitos que veas el plan completo.

Por supuesto, cuando hablo de legado no estoy hablando solamente de cosas materiales. Nuestro legado implica más que lo material. Muchas personas pasan a sus hijos la misma mentalidad errónea, cosas que no han producido ningún éxito. Las mismas tradiciones, las mismas creencias falsas, los mismos caprichos y fanatismos. Por ello siguen cosechando los mismos resultados generación tras generación. La persona mediocre o de mentalidad pobre no le importa el legado, pero el ser humano que quiere alcanzar la excelencia piensa en esto constantemente. De ahora en adelante cumple con la promesa de dejarte guiar por tu gigante y relaciónate con otros con la misma mentalidad.

¿CÓMO EXPLICAS LA VIDA?

Pienso que la vida es lo más maravilloso que existe. Nos sentimos profundamente afectados cuando alguien cercano a nosotros fallece. A veces nos duele la muerte de una persona incluso si nunca le hemos conocido. Por eso pensaría que más personas apreciarían el valor de sus propias vidas, pero cada vez vemos más gente que no se cuidan a sí mismas.

Puede que no te conozca personalmente, pero puedo hablarte sobre tu gigante. Él aprecia la vida y sabe cuán valiosa es. Necesita que alcances tu máximo potencial y que prosperes, él odia que apenas trates de sobrevivir.

Para tu monstruo, por otro lado, *la vida consiste en satisfacciones momentáneas*. El monstruo solo quiere sobrevivir y evitar todo tipo de riesgos. Le encanta desperdiciar cada día en tonterías. A él no le interesan propósitos ni misiones, sueña con ganarse la lotería como la única solución a todos sus problemas. Yo le llamo el rey de lo fácil, no quiere saber de nada que requiera esfuerzo o sacrificio.

Al hacer un análisis de nuestras propias emociones y creencias quizás podemos notar que se hacen más importantes que la vida misma. Estos pensamientos y sentimientos a veces ahogan nuestra capacidad de reconocer las cosas positivas que ocurren a nuestro alrededor.

Especialmente en las redes sociales, donde se pueden encontrar a muchos pretendiendo ser lo que no son. Algunos optan por compararse con otros y se sienten desafortunados, por eso eligen tomar drogas o alcohol, o buscan otras formas de adormecer sus sentidos. Existen quienes deciden darse por vencidos y terminan con sus vidas.

Si estás leyendo este libro es porque tienes una vida que puedes *infundir con significado, valor y propósito.* Vivir es simple: no necesitamos nada más que aire para respirar y dinero para comprar agua para beber y alimentos para comer, a fin de mantenernos en pie. Todo lo demás dependerá de lo que decidas. Puedes complicar mucho las cosas o mantenerlas simple. La clave yace en examinar las creencias, doctrinas e ideologías que han sido transmitidas a ti, a menudo de generación en generación, sin criticar, cuestionar o considerar de forma consciente. *Quizás en tu caso estas cosas te tienen preso en una cárcel con la puerta abierta.*

Hoy muchos explican la vida desde una perspectiva religiosa basada en la biblia. Explican que Dios creó todo y que lo que Dios creó es perfecto. Él nunca comete errores, por lo tanto, debes pensar que pase lo que pase es la voluntad suya y que él arreglará todo eventualmente. Hay ciertas reglas a seguir, y los que rompen las reglas y los no creyentes irán al Infierno o enfrentarán otros castigos. Lo interesante es que existen muchas interpretaciones de lo que dice la Biblia. La buena noticia es que tienes el libre albedrío para elegir qué creer.

Por supuesto, se han creado otras teorías y explicaciones, y también otras respuestas. Desde nuestro punto de vista, la Tierra es enorme, pero en comparación con el universo y todo lo que sabemos que existe, somos muy pequeños, incluso microscópicos. Los descubrimientos que la humanidad ha hecho en el espacio son asombrosos pero nuestro conocimiento tiene límites, así que cuanto más descubrimos, menos entendemos. El espacio es infinito y el tiempo no tiene principio ni fin. Esto resulta difícil de entender para la mente humana.

La humanidad ha tratado de explicar por qué estamos aquí desde el principio de nuestra existencia. La mayoría de la gente cree que Dios creó todo y el resto piensa que estamos aquí por accidente. Déjame hacerte pensar por un minuto. ¿Crees que hay alguna oportunidad de que Dios ni siquiera sepa que existimos?

Te daré un ejemplo: A mí me gusta plantar árboles frutales en mi casa. El año pasado colgué un comedero de una rama en mi mata de mango y lo llené con semillas para que comieran los pájaros y las ardillas. Un par de semanas después volví para llenar el comedero con semillas de otros tipos. Para mi sorpresa, había varias pequeñas plantas que habían brotado justo debajo de ese árbol, donde las semillas habían caído al suelo del comedero y echado raíces en la tierra fértil. No fue mi intención, pero aquí estaban.

¿Y si la Tierra es la planta que brotó de una pequeña semilla que alguna vez fue diseñada para algo diferente? ¿Y si tal vez Dios aún no ha notado nuestra existencia? O, ¿y si el Dios que imaginas no se parece en lo absoluto a quien realmente es?

Hago estas preguntas, no porque quiera cambiar tus creencias, *sino porque quiero que entiendas que lo que piensas que es la respuesta lógica para ti, puede que no sea la verdad, sino solo una de las muchas posibilidades.* Entonces, ¿dejarías de ser un buen ser humano o serías mejor de lo que eres hoy? ¿Qué dice tu corazón?

Quizás algún día puedas probar que tus creencias son correctas, mas hoy, cuando analizamos todo lo que existe en el universo, puedes percatarte de que solo somos un pequeño grano de arena en comparación con el firmamento. Podemos reconocer que tal vez lo que sabemos no constituye una garantía real de nada. Solo mantén este principio en mente, pues no sé lo que vas a elegir creer: *"Trata a los demás como te gustaría que te trataran a ti y muestra gran amor para con todos"*.

Estas palabras son simples y sin complicaciones. No hay necesidad de aferrarse a ideologías que te compliquen. Sé sabio y disfruta la vida misma. Si crees en Dios, imagínate qué parte de Dios está dentro de ti. Y creo que esta parte de Él es el gigante que llevas dentro.

NO VIVIMOS PARA SIEMPRE

¿Sabes cuántas personas mueren cada día en el mundo? Según la Organización Mundial de la Salud, en el 2017 alrededor de 56 millones de personas murieron. Eso representó 153,424 muertes cada día. Si bien no podemos pensar en eso constantemente, esta realidad debería recordarnos que el mañana no está garantizado y que la vida debe ser apreciada.

En los Estados Unidos las estadísticas muestran que la edad promedio de muerte es de 79.5 años. Sin embargo, noto que muchos actúan como si fueran a vivir para siempre. Si vivimos alrededor de unos 80 años, ¿cuántos días has vivido en este planeta y cuántos te quedan? Hoy, mientras traduzco este libro para enviarlo a editar, he vivido 15,011 días. Ten en cuenta que 80 años consisten en alrededor de 29,220 días. ¿Y si ganas un dólar por cada día que vivas? ¿Serían suficientes $29,220? No podemos agregar más días a nuestra vida, *pero puedes asegurarte de que cada día esté bien vivido*.

Para esto debes actuar sabiamente, no debes gastar todo tu dinero en cosas que no son realmente necesarias. Muchos hoy usan la excusa de "*la vida es corta*" para comprar casas enormes y autos caros, solo para terminar viviendo ahogados en deudas. Esto es lo que tu monstruo interno te dice que hagas, pero ¿de verdad quieres pasar la mitad de tu tiempo o más trabajando como esclavo para pagar esos artículos materiales? Hace poco vi una oferta para financiar automóviles nuevos durante siete años. ¿En qué momento, durante los 2, 556 días de pagos, dejará de excitarte ese olor a automóvil nuevo?

"Todo lo que compras lo compras con vida, porque gastas
tiempo de tu vida para ganarte el dinero".
José Mujica

Las posesiones materiales pueden ser trampas, y tu monstruo ama las trampas y trabaja horas extras para proporcionar justificaciones creativas para que caigas en una tras otra. Resulta muy decepcionante ver a alguien ser dominado por su monstruo interno en un estado de ánimo codicioso.

Tu gigante sabe que los bienes exteriores no satisfacen el alma interior. Cuando nuestra alma aprende a disfrutar los aspectos no materiales te conviertes en una fuente de felicidad, que nutre el árbol de la vida y produce frutos excelentes en abundancia. Crea magníficas secuelas externamente y ahí empiezas a ver buenos resultados.

Cada segundo, minuto u hora que vivas son irrepetibles. Desafortunadamente, somos inconscientes sobre cómo pasamos nuestro tiempo. Si te grabas en un video todo el día y luego analizas qué hiciste cada hora, ya sea leyendo correos electrónicos, chequeando las redes sociales, hablando asuntos sin importancia con otros, viendo la televisión, te sorprenderás. Si piensas que no malgastas nada de tu tiempo, crea un formulario en un papel, o en la computadora o en tu teléfono, donde puedas tomar notas. Pon una alarma y al final de cada hora escribe qué hiciste brevemente. Esto es solo para tu propio análisis, nadie tiene que enterarse, así que no te engañes a ti mismo o a ti misma para verte bien. Y hazlo durante siete días.

No sé exactamente qué descubrirás, pero prometo que será muy útil. Cuando me hice este análisis lo realicé cada media hora. *Yo quería saber exactamente cuánto tiempo del día y de la noche lo estaba usando para producir dinero.* Descubrí que casi todo mi tiempo lo usaba para ganar dinero, tuve que hacer cambios para encontrar el balance. En tu caso quizás descubras que malgasta tu tiempo en cosas que no te están produciendo dinero y por eso no sales de la pobreza. Por ejemplo, si eres dueño de un negocio, y tu tiempo se está desperdiciando en detalles administrativos que podrían delegarse a otros, tendría sentido trabajar en elementos que ayudarían a tu empresa a crecer, con cosas que solo tú puedes hacer. De esta forma tu negocio tendría mucho más éxito.

Además, al estudiarte durante siete días, descubrirás tus malas costumbres y podrás comenzar a reemplazarlas por buenas. Solo un hábito puede ser dominante. *Recuerda que somos criaturas de hábitos, los resultados que ves **hoy** en tu vida son exactamente los que han producido tus hábitos. Si no te gustan los resultados que percibes, entonces cambia tus hábitos hoy para que logres magníficas cosas en el futuro.*

Debemos tener en cuenta que no podemos dejar todo para mañana o para el futuro. El tiempo pasa muy rápido, como si la vida estuviera en cuenta regresiva. *Es imperativo que desarrollemos buenos hábitos y dejemos de perder nuestras horas en tonterías sin importancia.* Ten esto presente, si te quito tu dinero puedes obtener más. Si te quito tu casa, puedes comprarte otra. Pero si te quito solo un minuto de tu tiempo, nunca podrás recuperarlo. Cuando tu gigante controla tu vida, y tienes tus propósitos y tu misión claros, no te permitirá desperdiciar tu recurso más preciado: el tiempo.

***

Tu propósito te da poder

ACCIONES A TOMAR AHORA

¿Qué **propósito** te motiva a esforzarte para alcanzar tu máximo potencial? ¿Cuál es **tu misión en la vida**? ¿Cuántos días has vivido en este planeta? Por favor, consulta www. buildingyourgiant.com/bonuses para ver videos adicionales que te ayudarán a descubrir tu misión en la vida. Además, en el sitio web encontrarás la calculadora que te mostrará exactamente cuántos días has vivido.

NOTAS

CAPÍTULO 4
CREA EL FUTURO QUE DESEAS

"Establecer metas es el primer paso para convertir lo invisible en visible".
Tony Robbins

¿QUÉ ES UNA META?

Una meta es una idea del **futuro que deseas**. Puede ser el resultado previsto que una persona o un grupo de individuos imagina, planifica y se compromete a lograr. Los seres humanos se esfuerzan por alcanzar sus metas en cierto tiempo definido. Si no tienes una fecha específica para lograr lo que quieres, entonces no es una meta. Decir "Me gustaría visitar Italia algún día" es muy diferente a afirmar "Iré a Italia antes de cumplir mis 40 el próximo año". Espero que hayas distinguido la diferencia entre lo que es una meta y lo que no. ¿Qué variante consideras entonces que tiene más posibilidades de realizarse?

La primera vez que escuché decir que necesitaba tener *metas escritas* fue en el 2000. Estaba oyendo un programa de Tony Robbins, donde explicaba la importancia de tener objetivos y escribir nuestro progreso en diferentes áreas de la vida. Todo lo que Robbins decía tenía lógica para mí, pero no hice nada de lo que sugirió. No busqué una libreta, no escribí mis metas, como tampoco tenía el hábito de evaluar mi progreso. Mis metas estaban en mi mente y creía que era suficiente.

Lo único que hice en aquel entonces fue un plan financiero. Me organicé un poco en esta área, pero nada más. Después de casarme en el 2003, mi esposa y yo mejoramos ese plan, lo ampliamos y volvimos más específico. Sin embargo, respecto al consejo de escribir mis metas, hice lo que la mayoría de la gente hace: posponerlo para el futuro.

Años después seguí escuchando a Tony Robbins, quien hablaba siempre de la importancia de escribir las metas, al igual que otros oradores y personas de éxito. Todos los expertos enfatizaban lo vital de esta acción para el desarrollo personal. Sin embargo, yo oía, pero no prestaba atención. Finalmente, decidí escuchar y hacerlo. Por ello te animo y exhorto desde este mismo instante a que no esperes ni un día más y comiences a anotar tus metas.

Desde el año 2010 escribo las mías en una libreta. Tengo una libreta diferente para cada año y también mantengo un libro donde escribo mis metas a largo plazo y el progreso que logro. Mi deseo es que cumplas tus metas mucho más rápido que yo. Si aplicas lo que vas a aprender en este libro, alcanzarás el éxito mucho antes de lo que imaginas. Escribe todo lo que quieras, incluso si parece imposible de lograr, o tonto o extraño. Si no sabes por dónde empezar, simplemente comienza a escribir y poco a poco encontrarás más claridad y podrás ser más específico en tus planteamientos. Cuando termines de leer este capítulo, sabrás por dónde empezar.

Antes de pasar al siguiente capítulo, quiero que escribas tus metas en diferentes áreas de la vida. Debes hacer esto si de verdad tienes un fuerte deseo de triunfar. "*Si no cambias, todo se repite. Si no haces algo completamente diferente a lo que has hecho en el pasado, los resultados del futuro serán igual a los que hoy tienes*".

Creo que el éxito es un camino que todos debemos recorrer y en el que necesitas menos de un dólar para dar el primer paso. Sí, con menos de un dólar. Solo necesitas una libreta y un lápiz. No uses un bolígrafo para anotar tus metas. En la vida nada está escrito en piedra. Tendrás que ser flexible y adaptarte, a veces cambiar algunas cosas y por eso te sugiero un lápiz. También puedes usar una computadora portátil, tableta u otra herramienta para hacer tu lista de metas, escoge lo que te funcione mejor. El siguiente paso es muy importante: *desarrolla el hábito de ver las metas todos los días y escribir tu progreso.* En mi caso, escribir en una libreta y mirarla seguido me ayuda a mantener el enfoque.

Solo el 1% de las personas exitosas que he conocido recomiendan que NO debería tener metas escritas, sino que debería mantenerlas anotadas mentalmente. El otro 99% me ha recomendado que las ponga por escrito o que implemente un sistema, una opción similar, que también requiere escribir algún tipo de plan. Entonces, si aquellos que han alcanzado el éxito recomiendan anotar nuestras metas, ¿por qué pocos se deciden a hacerlo? Te diré la razón.

¿QUÉ PIENSAN LAS PERSONAS DE LAS METAS?

Según varios expertos, solo el 3% de la población tiene metas escritas. En mi opinión, esa es una de las razones por la que existe tanto descontento e insatisfacción en el mundo. Los humanos necesitamos metas para crecer. Si no avanzamos, nos frustramos y comenzamos a enfocarnos en las cosas negativas que nos rodean.

Cada vez que conozco a alguien con dificultades financieras, le pregunto: "¿Tienes metas escritas?" La respuesta es siempre la misma: "No". Si me dice que quiere ser dueño de su propia casa, le inquiero: "¿Qué tipo de casa te gustaría tener y qué precio quieres pagar? ¿En qué tiempo planeas tenerla?" A todas estas preguntas responde de igual forma: "No lo sé". Ahí reside el problema, porque si la mente no tiene estas respuestas no va a saber cómo buscar formas de hacer realidad nuestros deseos.

Muchos *no saben exactamente qué quieren*, y por eso no alcanzan mucho más. Si logran algo, generalmente lo hacen de manera difícil. Algunos dicen: si me pongo metas y no las alcanzo me voy a sentir frustrado, molesto o deprimido. También sienten que plantearse metas pondrá mucha presión sobre ellos y les creará un estrés constante.

Seamos realistas: *aquello que realmente quieres en la vida requerirá que hagas un esfuerzo por adquirirlo*. Muchas veces las cosas no suceden según lo planeado y te sentirás frustrado y, en ocasiones, estresado. Pero recuerda, la persona que no se rinde es la que triunfa y termina en una mejor posición para ayudar a los demás.

Ahora compartiré contigo la razón por la que no escribí mis metas desde el primer momento en que me lo sugirieron, y así no caerás en la misma trampa. ¿Recuerdas cómo hemos hablado de nuestro gigante y del monstruo? Cuando se trata de plantear nuestros deseos, ¿qué crees que el monstruo quiere que hagas? **Absolutamente nada, por supuesto ¿Por qué?** La **primera razón** es que nunca has hecho esto antes y el cambio asusta a tu monstruo, él odia cambiar. La segunda razón es que cuando escribes tus metas en una libreta, tendrás que hacer algo para lograr lo que te propongas. Pero el monstruo es perezoso y preferiría no hacer nada, ya que es holgazán por naturaleza. La **tercera razón** es que cuando pongas tus deseos por escrito te darás cuenta de que debes abandonar tu zona de confort, y tu monstruo detesta esto.

Si decides esperar durante años, como hice yo, sin escribir tus metas, a pesar de lo que acabas de aprender, es **porque tu monstruo tiene el control de tu vida y no tu gigante**. Tu monstruo es un incrédulo, y cualquiera que haya pasado la vida escuchando a otros que también están controlados por su monstruo, tiene la mentalidad equivocada. El monstruo no te permite ver las cosas potencialmente maravillosas que te esperan en el futuro. Él te dice que los próximos 10 años serán iguales que la década anterior, y te lo demostrará si decides no hacer algo diferente de lo que has hecho hasta hoy.

Escribí este libro para quienes quieren hacer cambios en sus vidas y desean que su gigante tenga el control. Y quiero que tú seas uno de ellos. Da el primer paso para convertirte en parte del pequeño porcentaje de los que deciden ser extraordinarios. Cambia tu vida y la de los demás.

¿CUÁL ES LA DIFERENCIA ENTRE UNA META Y UN PROPÓSITO?

Comenzaré por decirte que la meta y el propósito son inseparables, porque si tienes metas, debes tener un propósito en mente, y si tienes un propósito, debes tener las metas para lograrlo. En otras palabras, *debes establecer metas que estén alineadas con tu propósito. Mientras más te concentres en tu propósito, más fácil será lograr tus metas.*

Imagina que acabas de establecer tu propio negocio y deseas obtener medio millón de dólares en ventas en un período de dos años. Tal vez deseas emplear a 10 trabajadores, o llegar a medio millón de clientes que se beneficien de tus servicios; estas son tus metas a largo plazo. Escríbelas y ponlas en un lugar donde puedas verlas todos los días.

Debes desarrollar un plan o un sistema que te indique paso a paso el camino para lograr esas metas. Escribe lo que tienes que hacer a diario, semanal o mensualmente, por trimestre o cada año. Estas serán tus metas a corto plazo, que contribuirán a lograr tus objetivos en el transcurso del tiempo. Si tienes metas a corto y largo plazo, tendrás más confianza en el trayecto de alcanzar la cumbre de tu propósito.

Te pondré otro ejemplo: imagina que tienes que llegar a la cima de una montaña durante la noche, pero para lograr esta hazaña debes caminar por un camino estrecho y peligroso en la oscuridad. Afortunadamente, tienes una linterna en la mano y cuando la enciendes puedes ver por dónde vas. Con una linterna puedes caminar con menos temor y más confianza, y llegar a la cima de la montaña con mayor rapidez.

Las metas son como esta linterna en tu camino hacia el éxito; son esenciales porque te muestran a dónde vas y te ayudan a llegar más rápido. Considera ahora que con la linterna solo puedes ver lo que está directamente frente a ti, pero no todo el camino por delante. **Cuando uno tiene una meta, a menudo no sabemos exactamente cómo la lograremos.** Es posible que no puedas visualizar el camino completo hacia tu éxito, pero al establecer metas realistas, poco a poco, descubrirás la formas de alcanzar tu objetivo.

Previamente mencioné que odiaba la escuela cuando era más joven. No me gustaba leer, pero un día entendí que para lograr las cosas que quería en la vida, tenía que consultar especialmente libros de desarrollo personal. Quería aprender sobre el tema, pero en realidad odiaba leer. Mi propósito era crear un hábito de lectura diaria para crecer como persona. ¿Qué hice primero? Compré el libro *Think Like a Winner*, por Dr. Walter Doyle Staples y decidí leer una página todos los días. Esta era mi meta a corto plazo, y la cumpliría **sin importar cuán cansado estuviera o qué ocurriera en mi vida**. En un período muy corto aprendí a amar la lectura. Cuando terminé ese primer libro estaba ansioso por comenzar el siguiente. Podía sentir mi mente creciendo mientras seguía alimentando mi conocimiento.

Es importante que notes algo: *son las cosas pequeñas las que cuentan, las que parecen insignificantes y la constancia*. Si me hubiera obligado a leer durante una o dos horas todos los días, durante una semana o un mes, probablemente habría terminado odiando la lectura aún más. Debido a que comencé poco a poco y me puse una meta pequeña, pero realista, progresé hasta desarrollar un buen hábito. Hoy solo quiero estar leyendo todo el tiempo.

De la misma forma, puedes aplicar este actuar ante cualquier cosa que desees hacer. Cuando decidí crear el hábito de la lectura me comprometí conmigo mismo y con mi gigante. Una vez que tu gigante está involucrado, lo último que quiere es romper el compromiso y decepcionarte. Esto es clave para lograr lo que quieres, pero muchos no entienden este concepto al estar controlados por su monstruo interno. Es la razón por la que muchos no logran los propósitos, y menos las metas que conducen a alcanzarlos.

Es curioso como cada enero muchos comienzan a ir al gimnasio, se compran ropa cara y comienzan a hacer ejercicios todos los días durante aproximadamente una hora. En febrero, ya perdieron la motivación y continúan pagando su membresía para ser parte del gimnasio, aunque no vayan. Sin embargo, si tu propósito es mantenerte saludable, perder peso, o simplemente verte bien físicamente, debes ponerte metas para lograrlo. *Recuerda comenzar con algo pequeño y constante.* Puedes comprometerte a 10 minutos de caminata diaria por tu barrio. Luego, extiende el tiempo de tu caminata o elige correr por 10 minutos. Dale la vuelta a la manzana. Decide comer saludable, agrega una porción adicional de vegetales a tu comida. Cambiar tus viejos hábitos por otros mejores puede ser gratificante y divertido. La idea es hacer cambios simples, poco a poco.

Cuando lo haces de esta manera, podrás desarrollar el *hábito de la consistencia* y esto, a su vez, se convierte en un cambio positivo en tu estilo de vida que te ayudará a lograr tus propósitos. Entonces, si deseas comprar una casa o un automóvil, o tener tu propio negocio, piensa en el propósito. Recuerda que las metas a corto plazo son las que te ayudarán a lograr tus propósitos.

LA MAGIA DE ESCRIBIR LO QUE QUIERES

Cuando miro mi pasado, me arrepiento de no haber escrito mis metas mucho antes, porque hoy sé que hay magia al hacerlo. Si quieres lograr las cosas importantes de la vida más rápido escribe exactamente lo que quieres. Debes ser específico y establecer metas en diferentes áreas de tu vida. Cuando comiences a hacer esto te sorprenderás, porque lo que escribes y analizas a diario se te graba, no solo en tu mente consciente, sino también en tu subconsciente.

La primera cosa mágica que sucede cuando escribes exactamente lo que quieres, es que lo escrito se convierte en un **imán** que te va a llevar hacia donde quieres ir. Cuando no sabemos exactamente lo que queremos en la vida por lo regular las dificultades nos empujan. Pero, ¿cómo pueden tus sueños o metas impulsarte hacia delante si no los tienes claros y por escrito? Esta es una de las herramientas más poderosas que puedes usar en cualquier momento. No es para todos, solo para aquellos que quieren **más**.

Más es una palabra altamente utilizada por los humanos. Queremos *más* aire, *más* dinero, *más* agua, *más* comida, *más* felicidad, *más* paz, *más* amor, etc. Incluso al final de nuestras vidas, a menudo deseamos tener más tiempo. No hay nada malo en querer siempre más, pero hay que mantener el equilibrio.

La segunda cosa mágica que ocurre cuando escribes tus metas, es que comienzas a ver con mayor claridad qué es lo que realmente deseas. *La claridad es poder, por lo que debes visualizar tus objetivos y tus propósitos como si ya los hubieras logrado.* Concentra tu energía en esos logros y será más fácil para tu gigante llevarte allí.

No estoy aquí para decirte cuáles deberían ser tus metas en la vida, *pero quiero recordarte que los seres humanos estamos motivados por metas y objetivos*. Cuando veo a una persona que no tiene motivación, sé que es porque no tiene metas, ni propósitos para encender su alma y mantenerla avivada. No entienden el valor del crecimiento personal. Y a menudo se sienten infelices y deprimidos. La persona que tiene objetivos y propósitos tiene un fuego que no solo enardece su alma, sino que también calienta a todos los que se les acercan.

En mis cuadernos me gusta escribir lo que quiero lograr cada año. Siempre escribo cosas realistas, incluso si en ese momento se sienten imposibles de lograr. Tomo acción y empiezo a trabajar en función de ello. Ten un plan claro y escrito de lo que quieres en tu vida y, poco a poco, podrás hacer tus sueños realidad.

EL PODER DE LA VISUALIZACIÓN

Imagina el siguiente escenario: Hoy firmamos un contrato en el que te garantizo que en un plazo de tres años te pagaré 3 millones de dólares. No importa en qué lugar del mundo vivas, ¡es mucho dinero!

Esto es lo que vas a hacer:

1. Escribe todas tus metas en una libreta y trabaja duro para lograrlas.

2. Debes mantener una buena figura física durante los tres años, haciendo ejercicio al menos una hora, tres veces por semana y comiendo sano.

3. Lee todos los días alrededor de una hora sobre negocios y desarrollo personal para que tengas la mentalidad correcta.

4. Durante los próximos tres años, no puedes desperdiciar tu tiempo ni energías en cosas sin importancia, y tienes que dedicar tiempo de calidad a tu familia a diario.

5. Mejora de manera significativa como persona y en cada área de tu vida.

6. Aprende a hablar en público de manera efectiva.

¡Eso es todo! Nada de lo que te pedí es imposible de lograr, aunque la verdad es que no siempre es fácil y requieren esfuerzo. Cualquiera puede seguir estos pasos y cumplir con estos requisitos, pero ¿puedes adivinar por qué la mayoría de las personas no lo hacen? Debido a que nadie les ha ofrecido 3 millones de dólares después de tres años, y simplemente no creen que podrán lograr magníficos resultados por sí mismos. *Tu gigante sabe que si te propones hacer estas cosas tu futuro será maravilloso, no solo por lo que lograrás, sino por la persona en la que te convertirás.* Pero necesitas **visualizar lo que quieres y darlo por hecho.** Si te comprometes a trabajar en estas tareas todos los días, tu gigante sabe que tu éxito está garantizado, como si fuera un contrato firmado.

Cuando cumplas una de tus metas, incluso si lo que has logrado es algo pequeño, sentirás la motivación necesaria para esforzarte y para alcanzar una nueva. Con cada triunfo, tu mente produce endorfinas que te harán sentir feliz y te darán energía y motivación.

Años atrás, mi gigante fue capaz de verme siendo dueño de la casa de mis sueños, y quería pagarla completamente. Mi gigante pudo verme con mi modelo de mujer y lo logré, aunque por momentos parecía inalcanzable. Mi gigante pudo verme libre financieramente y acertó. Hoy mi gigante puede ver que saco a toda mi familia de la pobreza, que tendré siempre mucho para dar y dedicaré tiempo a planificar a dónde irán mis donaciones y contribuciones.

Tu gigante debe tener una buena visión de tu futuro, porque tu monstruo ni siquiera puede ver las cosas buenas que te sucederán mañana. Él es pesimista y negativo; siempre está tratando de protegerte de todo lo malo que pudiera suceder. Si ves la vida a través de los ojos de tu monstruo, vivirás en sufrimiento, oscuridad y arrepentimiento.

LA LEY DE ATRACCIÓN

La tercera cosa mágica que sucede, cuando tienes tus objetivos escritos, es que comienzas a usar la **Ley de Atracción**. Probablemente has oído decir que aquello en lo que te enfocas se expande. Los que han logrado alcanzar un gran éxito llaman a esta ley **el secreto**, porque muchos lo desconocen. Cuando a muchos se les revela el secreto, todavía no lo creen ni lo usan. Esta es una de las razones por las que no todos obtienen todo lo que quieren.

Debes aprender más sobre esta ley y entender cómo funciona, porque no es tan fácil como sentarte en tu sofá a pedir que aparezcan posesiones materiales y riquezas. Como hemos discutido, debes establecer objetivos y trabajar para cumplirlos.

A veces sucede que después de establecer tus metas no tienes la menor idea de cómo lograrlas. Aquí es donde la Ley de Atracción puede conducirte a ideas, personas y oportunidades que necesitas. Asegúrate de tener una cosa en mente: *es la acción detrás de la ley de atracción la que transformará tus sueños en realidad.*

Nuestra percepción es nuestra realidad. La Ley de Atracción no es la única disponible para ti, pero es una de las más poderosas. Esta ley interviene en nuestra realidad y está permanentemente trabajando a nuestro favor o en contra, basada en nuestras percepciones y pensamientos. Porque atraemos más de lo que ya somos.

Para ser más específico, cuando alguien comienza a pensar que va a tener un accidente y sigue pensando que sucederá, tarde o temprano lo tendrá. Si enfocas tu pensamiento en que robarán en tu casa o que te robarán el carro, esto también sucederá. Si constantemente visualizas que vas a contraer una enfermedad, eventualmente sucederá. Si siempre estás pensando en que el dinero no te alcanza, nunca tendrás un peso. **Así es como funciona la ley de atracción en tu contra** y casi nadie lo sabe. Si siempre estás pensando que te pasan cosas malas y que nada te sale bien, así es exactamente como continuará tu vida. Debes entender que todo comienza dentro de ti, en tu forma de pensar. *Si esta ley puede funcionar en tu contra, también tiene que funcionar a tu favor. ¿No crees?*

Considera esto: Decides nadar un rato y te tiras en el fango. Nadas y nadas persistentemente, te das cuenta de que nunca llegarás a ningún lado. Para poder nadar y avanzar debes tirarte al agua. *Igualmente, para obtener un resultado diferente en la vida, tienes que hacer algo distinto.* Si nunca has usado la ley de atracción a tu favor, comienza ahora. Sé constante y te sorprenderá lo que sucede. *Cuando los pensamientos negativos comienzan a venir a tu mente, tienes que rechazarlos de inmediato, estos son los pensamientos de tu monstruo interior.* Cuando esto te sucede debes reemplazarlos con algo positivo, como tus metas y propósitos. Tan rápido como cambiar el canal en tu TV, cambia tus pensamientos a aquellos que te dan poder. *Permanece enfocado en todas las cosas maravillosas que tienes ahora y que tendrás en el futuro.*

La lucha interna que todos enfrentamos estará con nosotros de por vida, sin excepción. *Si crees que a ti te ocurren más cosas malas que a otros, te garantizo que así mismo es y esas cosas malas te continuarán sucediendo. Pero si comienzas a pensar y creer que eres una de las personas más afortunadas del planeta y que te sucede todo lo bueno, vivirás una maravillosa vida. Relee este párrafo si lo consideras necesario. Recuerda que esta ley puede ayudarte o perjudicarte. Tú decides.*

Creamos nuestras propias realidades, nuestras propias circunstancias a través de nuestros pensamientos. Entiendo que puede ser complejo dejarse llevar por pensamientos positivos. Nos hemos acostumbrado a que nuestro monstruo nos diga que no es realista esperar que solo nos sucedan cosas buenas. Deja de darle voz a tu monstruo y comienza a escuchar a tu gigante, que sí conoce las posibilidades ilimitadas de tu fortuna y bendiciones.

Y cuando una persona exitosa te aconseje, escúchala y pon en práctica lo que te diga, porque te está dando sabiduría valiosa que podría ayudarte a lograr el mismo éxito que ellos alcanzaron. Simplemente haz un esfuerzo por trabajar de manera más efectiva en ti mismo.

¿ESTÁS FELIZ CON TUS LOGROS?

He tenido el privilegio de conocer personas ricas y exitosas, que han logrado lo que tienen mediante esfuerzo, inteligencia y sacrificio. Siempre me pregunto: si esta persona perdiera todo lo que tiene, ¿cuánto tiempo le tomaría recuperar todo y más? La respuesta: uno o dos años. ¿Por qué? Por el ser humano en que se ha convertido, por sus buenos hábitos, disciplina, conocimiento, actitud y confianza en sí mismo. Cada uno de ellos vive con un propósito y metas en mente, y sé que el éxito les seguirá donde sea que se encuentren.

"Puedes tener más de lo que tienes porque puedes llegar a ser más de lo que eres".
Jim Rohn

No importa dónde te encuentres, siempre puede ser más si tienes un propósito. Nada puede detenerte, pero debes trabajar en tu gigante interno para alcanzar ese nivel superior.

La mayoría de las personas no viven como si tuvieran un propósito; no seas como la mayoría. Si bien no tiene por qué ser así, la triste verdad es que muchos están controlados por su monstruo. Tu monstruo quiere mantenerte pobre y débil en todos los sentidos. Pero puedes decidir ser diferente y descubrir todo tu potencial.

Entre mis paradigmas sobresale un hombre que me ha llenado de admiración, inspiración y humildad: Nicholas James Vujicic. Nick Vujicic nació en Australia y a la edad de 36 años está casado y tiene cuatro hijos. Ha escrito muchos libros, protagonizado películas y programas de televisión, y ha dedicado su vida a ser una inspiración global alentando a miles a ser lo mejor que pueden ser. Él ha sido una gran fuente de inspiración personal, como mismo lo es para los que tienen el privilegio de conocerlo.

¿Qué tiene de especial Nick?, te preguntarás. Nick nació sin brazos ni piernas, pero con un corazón enorme.

Considera cuántas personas sin discapacidades no hacen nada importante con sus vidas. ¿Qué hace diferente a Nick Vujicic? En mi opinión, su gigante interno lo dirige. Él admite que ha pasado por momentos muy difíciles, pero los superó y perseveró. Nick es una prueba de que la mayor discapacidad que existe no es física sino mental. Todos somos capaces de hacer cosas asombrosas, si solo decidimos ser diferentes y construir nuestro gigante interno. Todos tenemos un gigante dentro, pero depende de cada cual reconocerlo, descubrirlo y dejar que tome el control.

"Esta es la verdadera alegría en la vida, el ser utilizado para un propósito reconocido por ti mismo como poderoso; estar completamente desgastado antes de que te tiren al montón de chatarra; ser una fuerza de la naturaleza en lugar de un febril y egoísta pequeño terrón de dolencias y quejas, quejándose de que el mundo no se dedicará a hacerte feliz".
George Bernard Shaw

***

Crea el futuro que deseas

ACCIONES A TOMAR AHORA

Para ayudar a tu gigante debes tener metas a largo y a corto plazo. Comienza a escribir todo lo que realmente quieres lograr. Empieza con lo pequeño y luego escribe las cosas grandes. Deja por escrito lo que harás cada día, semana, mes, trimestre o durante todo el año para ayudarte a lograr estas metas y propósitos. Sé específico pero realista mientras planteas lo que deseas lograr en las siguientes áreas de tu vida: espiritual, mental, emocional. Piensa en tu salud física, relaciones personales, intelectuales, posesiones materiales, lo que quieres hacer por los demás, etc. Completa este paso antes de continuar con el próximo capítulo. Después continúa leyendo, porque todavía tienes mucho que aprender sobre tu gigante.

NOTAS

_____

_____

_____

_____

_____

_____

_____

_____

_____

_____

_____

_____

_____

_____

CAPÍTULO 5
¿CUÁL ES MI FÓRMULA SECRETA?

"Sin fórmula no hay paraíso".
Josué López

LAS PASTILLAS MÁGICAS

No te gustaría tomar una pastilla que te ofrezca todos los resultados que deseas de la noche a la mañana? Imagina una píldora para la salud, que te mantenga sano y te permita comer lo que quieras sin aumentar de peso. Ya no tendrías que hacer ningún tipo de ejercicio y estarías lleno de energía. Una pastilla que impida las enfermedades y te garantice que al final de tu vida, a una edad avanzada, tengas una muerte pacífica, sin dolor ni sufrimiento. ¿No sería esto maravilloso? Todos los problemas de salud que preocupan a la mayoría de la humanidad dejarían de existir.

¿Qué tal una segunda píldora, la de la felicidad? La tomas antes de acostarte y cuando despiertes, tendrás felicidad, paz y amor para la eternidad. Nunca más te sentirás triste, ansioso o deprimido. Todos tus sentimientos negativos serán asunto del pasado. Toma unos minutos y piensa en una ocasión en que te hayas sentido así. Tal vez cuando te enamoraste por primera vez, o cuando estabas de luna de miel. Quizás cuando lograste ganar un juego importante o alcanzaste una de tus metas. ¡Sentirse pleno por el resto de la vida sería fantástico!

Ahora, imagina una tercera pastilla, la del dinero. Esta te otorgará la capacidad de saber exactamente cómo administrar tu dinero. Sabrás qué tipo de negocio deberías comenzar y cómo hacerlo crecer para que en un año produzca millones de dólares en ingresos. Conocerás cómo invertir para producir más dinero siempre. El dinero vendrá a ti en abundancia y con él podrás comprar todas las posesiones materiales que desees: automóviles, casas, botes e incluso aviones y helicópteros. Al final de tus días dejarás suficiente dinero para garantizar la seguridad y la comodidad financiera de tu familia, al tiempo que donarás una gran suma a tu causa favorita. Tu familia, amigos y millones de personas en el mundo te recordarán como una persona que se esforzó por hacer el bien para la humanidad.

¿Qué tan grandioso sería si fuera tan fácil como eso? Obviamente, estas pastillas mágicas no existen, pero sí es posible lograr la salud, la felicidad y el dinero que anhelas. De hecho, lo último que realmente queremos son las píldoras mágicas que nos robarían soñar y disfrutar nuestros triunfos con satisfacción. Pero existe una fórmula simple que, si la aprendes y la usas adecuadamente, te ayudará a alcanzar todo lo que anhelas. La prueba está en los innumerables logros, a menor o mayor escala, que personas de todo el mundo, incluido yo, hemos conseguido.

LA FÓRMULA: DCAR

El nombre de esta fórmula es **DCAR: D + C + A = R**. Esta fórmula es una de las cosas que puedes usar para construir tu gigante interior, superar obstáculos y mejorar tus capacidades. No importa en qué nivel del camino te encuentres, sea bueno o malo, siempre debes continuar creciendo. Como humanos, **si no estamos creciendo, estamos muriendo**. Cuanto más crecemos, más podemos subir de nivel y ponernos en una mejor posición para ayudar a los demás. Déjame explicarte esta fórmula. Cada letra representa una palabra importante:

DISCIPLINA + CONOCIMIENTO + ACCIÓN = RESULTADO

Debes ser **disciplinado/a** para adquirir **conocimiento**, luego debes tomar acción. Si tienes los tres, obtendrás los **resultados** que deseas.

Estas palabras parecen muy simples, pero en ellas encontrarás el secreto para lograr lo que quieres. En mi experiencia, utilizo esta fórmula todos los días para mejorar y crecer. Ahora te invito a meditar sobre ella para que valores utilizarla en cualquier escenario. Cada cual tiene su propia filosofía, su forma peculiar de ver las cosas, su propio sistema de aprendizaje. Por ello también debes buscar un sistema que funcione para ti. Lo más importante es que, sea lo que sea que elijas, debe darte resultados. Si hasta la fecha no has obtenido aquello que deseas, entonces prueba esta fórmula.

Todo lo que ves en tu vida es el resultado de lo que no ves. Lo invisible crea lo visible. Piensa en un orador que habla desde un escenario. Puedes notar que es muy competente. La forma en que articula sus palabras te atrae, contando historias que despiertan tu asombro e interés. Lo que estás viendo en ese momento es lo que esta persona es. Sin embargo, no viste todo el tiempo que invirtió estudiando, practicando y memorizando frases para poder pararse frente a un auditorio y mantenerte cautivado con sus palabras. Al igual que el orador, para obtener resultados, debes desarrollar un sistema que funcione para ti, una fórmula para obtener lo que quieres. Con la fórmula DCAR, y haciendo una cosa a la vez, puedes lograr exactamente eso.

DISCIPLINA

En la fórmula DCAR, DISCIPLINA es el primer componente. La disciplina personal es una clave esencial para todo ser humano. La inmensa falta de este valor ha llevado a la humanidad a muchos de los grandes desafíos que enfrenta hoy día y eso se debe, en gran parte, a que muchos están siendo controlados por su monstruo. El monstruo no sabe qué es la disciplina personal, pero el gigante es un experto en ella. La disciplina te guía a través de los pasos que debes seguir para crecer. Tu gigante prospera cuando eres disciplinado.

Por ejemplo: me gustan los cocos, especialmente cuando están fríos, y aún mejor si se le agrega un toque de ron de coco. También me gusta la masa blanca que tienen dentro, en particular con azúcar refinada. Piensa en una mata de coco.

¿Qué crees que hace que produzca cocos llenos de agua dulce y masa blanca en su interior? Es lo que no se ve. Todo está en las raíces. Si las raíces de la palma no son saludables, el coco puede ser pequeño, sin agua y sin masa, o peor aún, no dará ningún coco.

Ahora analiza tus frutos. ¿Son hermosos, llenos de jugos y sabrosos? ¿O son secos, negros y vacíos por dentro? Para saber la respuesta, mira a tu alrededor. ¿Te sientes satisfecho con lo que tienes? Ten en cuenta que no dije agradecido, ya que todos deberíamos agradecer el hecho de estar vivos y todo lo bueno que nos rodea. Pero sentirnos satisfechos es otra cosa. Si estás feliz con quién eres y con lo que has logrado en todos los sentidos, entonces tus frutos se han nutrido de raíces (o hábitos) muy saludables. Ahora, si no te gusta lo que ves, tienes grandes problemas en tus raíces, *es decir, en tu forma de pensar y actuar*. No es culpa de nadie si no estás satisfecho con tu fruto, porque cada uno de nosotros es responsable de nuestras propias acciones, lo que implica que también tenemos el poder de sanar nuestras raíces dañadas con disciplina personal.

Aunque no difiero del refrán: "*Todo lo que quieres está al otro lado de tus miedos*", lo modificaría: "*Todo lo que deseas se puede lograr con disciplina personal*". Yokoi Kenji dice: "*La disciplina supera la inteligencia*". Estas palabras cambiaron mi vida. Yo solía pensar que para tener éxito necesitaba ser muy inteligente, pero aprendí que esto no es necesariamente cierto. Solo necesitamos ser muy disciplinados.

Si dudas que tu gigante sea tan capaz como los gigantes de otras personas exitosas, es solo porque es lo que tu monstruo quiere que pienses. Cuando oigas la voz del monstruo, ¡cambia el canal! Escuche a tu gigante. Ten la disciplina para adquirir el conocimiento que necesitas y te sorprenderá lo que tu gigante es capaz de hacer.

¿Cómo saber entonces si eres una persona disciplinada? La respuesta es muy simple: si puedes controlarte en todo momento, *si tienes dominio sobre ti mismo para hacer lo que tienes que hacer*. Es así de simple, aunque a muchos les parezca imposible.

Imagina tener control sobre todas tus acciones, emociones y sentimientos todo el tiempo. ¿Imaginas cómo podrías ser? Quiero que sepas que esto es posible. Si te propones hacerlo, puedes crear el hábito de escuchar y obedecer a tu gigante interno y no a tu monstruo.

Debes comprometerte ahora mismo y mantener este compromiso por el resto de tu vida. Si lo haces, te garantizo que serás una persona extraordinaria. Si estás pensando que todo esto tiene sentido, pero no es fácil, te diré que esto es solo cierto para tu monstruo. Sin embargo, tu gigante interior tiene el poder, la convicción y la fuerza necesaria para lograrlo. Paso a paso, tu gigante te llevará por el camino correcto, hasta que tengas el control y esto se convertirá en algo completamente natural.

CONOCIMIENTO

Para elevarte al siguiente nivel y lograr todo lo que sueñas, es imprescindible que adquieras conocimientos, y no hay mejor manera de aprender que a través de la lectura. Es esencial que tengas el hábito de leer. Pregúntales a varias personas que te rodean si tienen un hábito de lectura diario. Lo más probable es que su respuesta sea: "A mí no me gusta leer". o "No tengo tiempo". Tal vez te encuentres con algunos que sí leen regularmente, pero sus vidas no están organizadas. ¿Por qué crees que sucede? Es porque solo leen malos contenidos que no producen ningún beneficio real. Estos son los materiales de lectura favoritos de tu monstruo interior.

Ten la disciplina de leer a diario, pero lee contenidos de los que se nutren las personas exitosas, como textos sobre desarrollo personal. Lee sobre conceptos e ideas que, una vez aprendidos, te enseñen a mejorar. Libros que te muestren cómo tener una actitud positiva, reconocer oportunidades y mantenerte motivado. Esto te ayudará a superar cualquier desafío que se presente, nutrirá y fortalecerá a tu gigante para que se vuelva invencible. Este tipo de materiales te pondrán en el camino correcto para cambiar tu destino. *Adquirir conocimientos específicos te ayudará a alcanzar tus metas.*

Cuando entré por primera vez en el negocio de comprar casas para vender y alquilar, lo hice sin ningún conocimiento previo. No leí ningún libro y no valoré buscar un mentor experimentado que me guiara. Por esta razón caí en varias trampas. Comprar una casa en los Estados Unidos, en efectivo, puede provocar graves problemas. Poco después de comprar la primera propiedad, sin ninguna ayuda financiera de un banco, descubrí que me la habían vendido sin un título limpio. Según el banco al que le compré la casa, "no sabían que había otra hipoteca sobre el inmueble". Debido a que firmé la documentación sin el conocimiento adecuado, sin saber exactamente lo que estaba firmando, no pude demandar al banco o a la compañía de títulos. Confieso que por momentos me sentí perdido.

Un amigo y yo habíamos invertido juntos en la casa. Al principio, fue un desafío restaurar un inmueble viejo. Queríamos venderlo para obtener ganancias monetarias. Nos tomó dos meses y medio arreglar la casa, haciendo la mayor parte del trabajo nosotros mismos y ya teníamos un comprador interesado. Todo parecía marchar bien. Una tarde llegué a mi casa, después de un largo día de trabajo en la propiedad. Frente a mi casa estaba parqueado un pequeño carro, y de él salió una señora mayor. Me entregó un paquete y me dijo que firmara un papel. Aún sin saber que el título de la casa recién comprada estaba sucio, le pregunté sobre qué era todo ese papeleo. Ella me informó que alguien me estaba demandando por $150,000 dólares por la propiedad que había comprado. Según el caso, la persona que me demandaba había prestado dinero a los propietarios anteriores, y los propietarios no le habían pagado.

Aunque nos llevó casi dos años y medio tratar con abogados para resolver la situación, tuvimos suerte porque no perdimos gran parte de nuestro dinero, en comparación con los $150,000 por los que nos demandaron. Pero pagamos $8,000 por contratar a un abogado y recibir asesoramiento legal. No obstante, fueron $8,000 que podríamos habernos ahorrado si hubiera tenido más conocimiento sobre el negocio antes de entrar en él.

Otra lección que aprendí durante este proceso es que la justicia es verde. Si no tienes el dinero para contratar a un abogado que te defienda y te guíe a través de los diversos procedimientos, perderás. Incluso el abogado que me asignó la compañía de seguros de título de la propiedad quería que aceptara la pérdida y cerrara el caso. No estaba de mi lado. Por eso tuve que contratar a otro abogado y pagarle con mi propio dinero. Por supuesto, si tuviera que hacerlo de nuevo, habría invertido de antemano los $1,000 dólares para contratar a un abogado competente que revisara los documentos y así asegurarme de hacer una buena compra. Esta fue una lección que aprendí a las malas.

Por eso te animo a adquirir conocimientos haciendo cosas simples como leer un libro o encontrar un mentor, especialmente antes de entrar en cualquier negocio. Te evitará muchos dolores de cabeza y pérdida de tiempo y dinero. Pero si antes no tienes la disciplina para adquirir el conocimiento, grandes desafíos innecesarios te esperan en el camino hacia el éxito. Y siempre recuerda, ***tener conocimiento te da control sobre tu vida***. Desarrolla el hábito de aprender algo nuevo todos los días y tu vida se transformará poco a poco.

Ahora necesitas la disciplina para tomar acción. He conocido personas que saben tanto que parecen enciclopedias humanas, pero no les sirve de nada porque nunca toman ***acción***. Es como conocer todos los métodos perfectos para remar en un bote pequeño en mar abierto, y aun así dejar que el viento, las olas y la corriente te lleven hacia cualquier lugar. La acción es la que te llevará a donde quieres estar y obtener los resultados que deseas.

TOMAR ACCIÓN HACE A TU MENTE PODEROSA

No cometas el error de esperar hasta sentirte listo para tomar una acción en particular. La mayoría de las personas necesitan sentirse en el estado de ánimo correcto para motivarse a la acción, y esto no funciona. *En realidad, es cuando decides tomar acción que tu estado de* ánimo *se eleva.*

Después de escribir tus metas, debes tomar acción y dar el primer paso. Por ejemplo, mi propósito es ayudar a muchos a vivir mejor, motivar y enseñar a las personas a alcanzar el siguiente nivel en sus vidas. ¿Qué metas fijé para lograrlo?

Pues tenía que aprender a hablar en público, así que me comprometí a hacer de orador frente a un grupo de personas, como mínimo una vez a la semana. Por cierto, recomiendo que encuentres un lugar donde también puedas practicar esta habilidad.

Personalmente, me uní a Toastmasters International, que es un club que opera en casi todo el mundo. Sus clubs tienen el propósito de promover la comunicación, el liderazgo y las habilidades para hablar en público. Toastmasters reúne a sus miembros para practicar, aprender, crecer, ser mentores, etc. Cuando encontré un club en mi área, tomé acción y fui a visitarlo. La sola idea de entrar en una habitación llena de extraños me aterrorizó. Mi monstruo interno no quería hacer nada nuevo, pero tomé la decisión de no dejarme controlar por él, y adopté las medidas necesarias para superar mis miedos al hablar en público. Hoy sigo en ese camino para cumplir mis metas y objetivos.

No me malinterpretes, el proceso fue poco a poco. Después de todo, ser persistente no se trata de hacer algo hoy, y luego dentro de dos meses, hacer otra cosa; más bien se trata de ser disciplinado y la constancia es mejor que la rapidez. Después de un año, había mejorado mucho, podía notar fácilmente el cambio.

Cuando me puse la meta de escribir un libro, nadie me creyó y mucho menos mi monstruo. No sabía cómo escribir en la computadora, y nunca había escrito nada en español ni en inglés. Solo mi gigante interno creía que podía lograrlo. Una vez más, puse mi meta por escrito y comencé poco a poco. Desafortunadamente, el primer día comencé a dudar de mí mismo. No tenía idea de cómo escribir un libro y para ser sincero, sentí que nunca iba a suceder. Pero luego me di cuenta de que esos eran pensamientos de mi monstruo tratando de tomar el control nuevamente.

Mi gigante interno me aseguró que, aunque no sabía lo que estaba haciendo, iba a aprender: una oración, un párrafo, una página a la vez. Después de un año, el libro estaba casi terminado. Conocí a varias personas en mi localidad que eran editores y tenían compañías para publicar libros. También conocí a autores que me guiaron en el camino correcto. La ley de atracción me estaba ayudando. Por supuesto, aún no sé cómo escribir, y eso es algo bueno. ¡Los editores también tienen que ganarse la vida!

Recuerda, el monstruo siempre está buscando evidencia que demuestre que no puedes conseguir lo que deseas. Tratará de convencerte de que no eres lo suficientemente inteligente, de que estás perdiendo el tiempo; te dirá que fallarás, que serás el hazmerreír y deberías rendirte. Diariamente, tu monstruo tratará de desalentarte, pero tu respuesta debería ser: gracias por compartir tu opinión. Luego sigue con tu plan. Toma las acciones necesarias para lograr tus sueños y aspiraciones. El monstruo interior siempre quiere sobreproteger el cuerpo y nuestro ego, pero con el gigante a tu lado tienes toda la protección que necesitas. Para escribir mi primer libro utilicé la fórmula DCAR. Luego de unos meses noté la mejoría. Escribía mejor contenido a un ritmo más rápido. Seguí haciendo esto hasta que publiqué mi primer libro electrónico en Amazon.com. Tenía menos de 50 páginas, ¡pero lo logré! Al principio parecía imposible, pero usé la **disciplina** para adquirir el **conocimiento** que necesitaba. Luego apliqué lo aprendido y tomé **acción**, paso a paso, hasta lograr mi objetivo. No hay otro secreto, es así de simple.

Esto marca la diferencia entre quienes están dispuestos a hacer lo necesario y los que no. Si te comprometes a implementar la fórmula, crecerás en todas las áreas de tu vida. A medida que alcances tus metas tendrás más confianza, más conocimiento, creerás más en ti mismo y sentirás la emoción de quien logra lo aparentemente inalcanzable. Entenderás que puedes lograr lo que quieras, y todo porque decidiste tomar acción.

RESULTADOS

Si ya hiciste todo lo sugerido en capítulos anteriores, entonces tienes una idea clara de cuáles son los resultados que buscas en cada aspecto de tu vida. Esto es genial porque, para que esta fórmula funcione, lo primero que debes identificar es el ***resultado deseado***.

Quiero que te preguntes en este momento: ¿Qué resultados finales quiero alcanzar? La mayoría no sabe lo que quiere, y aquellos que piensan que lo saben, generalmente responden cosas como: dinero, tener mi propia casa, amor y felicidad. Ninguna de estas respuestas son incorrectas, pero sirven de poco para guiarnos porque son respuestas muy generales, *carecen de claridad y enfoque.* Para traer un cambio positivo y mejorar, *debes saber exactamente cómo se ve esa transformación.*

Por ejemplo, nadie quiere dinero. El dinero es una hoja de papel sucia y generalmente arrugada, eso es todo. El valor del dinero no está en el billete en sí, sino en lo que nos puede dar. Con eso en mente, piensa en el resultado que si deseas: Es comida y agua, un hogar limpio y seguro, un automóvil confiable, un lindo bote, vacaciones familiares en todo el mundo, un fondo universitario para tus hijos. ¿Entiendes ahora que el resultado específico que deseamos alcanzar va mucho más allá del dinero?

Una de mis mayores aspiraciones era tener un bote grande, aprender a pescar en aguas profundas, y salir con amigos y familiares al mar. Pasé ocho años reuniendo dinero con este propósito, tiempo durante el cual no pesqué. Sin embargo, un poco antes de decidir comprar el bote, comencé a pasar tiempo con mi amigo Alejandro que sabe pescar. De él no solo aprendí el arte, sino también sobre embarcaciones. Poco después, ambos decidimos invertir juntos en un bote: resultado logrado.

Cumplir esta meta no sucedió de la noche a la mañana. Primero, tuve que decidir exactamente cuál era el resultado que quería. En segundo lugar, tuve que tener la disciplina para reunir dinero y adquirir conocimiento. Hubo momentos en que me invitaron a ir a pescar después de haber trabajado todo el día y la noche anterior. Estaba cansado, pero fui de todos modos.

Aprender a pescar también requirió gastos, pues la pesca en alta mar es muy cara, pero hice todo lo necesario. Fui disciplinado, adquirí el conocimiento y tomé acción. Demoró un tiempo, pero al final obtuve aquello que quería. Hoy tengo mi propio bote, y cuando quiero ir a pescar en aguas profundas, solo es cuestión de sacar el tiempo para disfrutar de los frutos de mi trabajo.

Quizás el resultado que deseas es encontrar una pareja y comenzar una familia. ¡Perfecto! Para esto, mi fórmula también funciona. Solo debes ser disciplinado para convertirte en quien necesitas ser para atraer a quien quieres tener a tu lado. Es muy importante que primero te conozcas a ti mismo. Necesitas estudiarte, pues cualquier relación representa una asociación donde debes también conocer al sexo opuesto. (Ten en cuenta que no hablé de entender al sexo opuesto, pues a veces entenderlo es imposible). Para lograrlo, se requiere la disciplina para adquirir conocimiento mediante la lectura o el aprendizaje de personas que han podido lograr un matrimonio feliz y duradero. Si haces esto antes de buscar una pareja, te evitarás muchos dolores de cabeza. A muchas personas no les va bien en su matrimonio y la razón principal es porque no conocen lo suficiente sobre los valores fundacionales de una relación exitosa.

Finalmente, has de tomar acción para que ocurra acción. Si no decides tomar acción, ser valiente y conocer a otras personas, nunca encontrarás la pareja ideal. Y sí, dije pareja ideal, porque tener a alguien con quien pasar el rato es fácil, pero encontrar a tu otra mitad o a esa persona especial requiere DCAR.

***

ACCIONES A TOMAR AHORA

Comprométete contigo mismo y con tu gigante a aplicar esta fórmula DCAR de ahora en adelante. Comienza poco a poco, sin violentar el proceso. Elige algo para empezar a hacer hoy y usa la fórmula DCAR para lograrlo. Recuerda, leer es una excelente manera de adquirir el conocimiento que necesitarás para lograr tus resultados. Después de concluir este libro, recomiendo que leas también *El efecto compuesto*, de Darren Hardy.

NOTAS

_____

_____

_____

_____

_____

_____

_____

_____

_____

_____

_____

_____

_____

CAPÍTULO 6
¿QUÉ HERRAMIENTAS PUEDES UTILIZAR AHORA?

"Tus pensamientos y tus creencias son las semillas del éxito".
Josué López

EL PODER DE LA MENTE

Para realizar cualquier trabajo la mayoría de las veces necesitamos herramientas. Si laboras en una oficina, piensa en todo lo que usas: computadoras, bolígrafos, papel, impresoras, teléfonos, etc. Si trabajas en la construcción, como mecánico, o si eres médico, necesitarás herramientas para desempeñar tu trabajo con precisión y eficiencia. Incluso dentro de nuestros hogares contamos con varias herramientas para realizar las tareas. Siempre han sido y serán una parte de nuestras vidas.

Sin embargo, existe una herramienta que todos poseemos desde el nacimiento: la mente. Muchos no saben que todo cuanto necesitan para lograr lo que desean reside en su cabeza. Nuestra mente es el elemento más poderoso que todo ser humano posee, solo debemos usarlo de la manera correcta para obtener el resultado ansiado.

En la mayoría de los casos donde el monstruo tiene el control y no el gigante, las personas demuestran que sus mentes están llenas de cosas innecesarias. El primer paso para hacer crecer a tu gigante requiere *eliminar el pensamiento negativo y crear espacio para el pensamiento positivo.* Si no tienes el hábito de pensar positivamente es probable que poco funcione a tu favor. Mas si logras mantener tus pensamientos en orden, será más fácil desarrollar buenas ideas, y las buenas ideas valen más que el dinero.

Como una de las 7,6 miles de millones de personas en este planeta, tú debes alcanzar tu máximo potencial. *Recuerda que muchos nunca alcanzarán su máximo potencial hasta que tu alcances el tuyo.* Te mereces lo mejor, así que no debes conformarte con la miseria. El universo es rico y abundante y hay riquezas para todos.

Uno de los mayores problemas que enfrenta la humanidad hoy es que muchos poseen creencias equivocadas. Ahora debes analizar tus creencias. Por ejemplo: ¿Crees que estás condenado a ser pobre? Esa idea es completamente incorrecta. Tenemos muchos pensamientos como estos y por eso no alcanzamos la excelencia. Por esta razón recomiendo no dejar de leer este libro. Practica todo lo que aprendas de él y te sorprenderá cómo tu vida cambiará drásticamente. Sé que obtendrás posesiones materiales, pero lo que más te impresionará es en quien te convertirás.

TUS PENSAMIENTOS

Nos convertimos en lo que pensamos. Quizás, sería prudente reflexionar sobre estas palabras y preguntarnos: ¿En qué pienso constantemente? En el libro *Think like a Winner*, (Piense como un ganador) del Dr. Walter Doyle Staples, él menciona algo que me gusta llamar las seis palabras mágicas. Esta es su explicación:

Cuando cambias tu forma de pensar, cambias tus creencias.
Cuando cambias tus creencias, cambias tus expectativas.
Cuando cambias tus expectativas, cambias tu actitud.
Cuando cambias tu actitud, cambias tu comportamiento.
Cuando cambias tu comportamiento, cambias tu rendimiento.

Cuando cambias tu rendimiento, cambias tu vida.

Entonces te invito nuevamente a que te preguntes: ¿En qué pienso constantemente? ¿En lo que voy a comer hoy? ¿En todas mis deudas y en que no tengo dinero? ¿En las cosas malas que me pueden pasar? ¿Estoy pensando en términos de escasez o abundancia? ¿Soy una persona negativa y pesimista? ¿Siempre pienso que nunca seré libre financieramente o rico? Debes prestar atención a lo que tienes en mente todo el tiempo. ¿Son pensamientos de tu gigante o de tu monstruo interno?

Recuerda que nos convertimos en lo que pensamos. La mayoría de nuestros pensamientos son los mismos todos los días y se basan en nuestras experiencias pasadas. Si estas no han sido buenas y siempre pensamos de igual manera, entonces obtendremos los mismos resultados que siempre hemos obtenido. Para obtener resultados excelentes necesitamos reprogramar nuestra mente con pensamientos claves para el éxito.

Algunos, después de leer este libro, sentirán que tienen un cerebro completamente nuevo, porque nunca habían permitido que su gigante lo usara. Hasta ahora han estado demasiado ocupados pensando en asuntos erróneos. No es de extrañar que la mayoría de la gente no viva la vida que desea vivir. Se centran en los aspectos negativos de sí mismos, en los de otras personas, en los de su país y en los aspectos negativos del planeta. Quieren una buena vida, pero para ellos es imposible.

Si quieres identificar cuáles han sido tus pensamientos en el pasado, mira quién eres y todo lo que posees hoy. Si deseas saber lo que tendrás en el futuro, presta atención a lo que estás pensando en este mismo momento. ¿Te gusta lo que piensas? Recuerda que tu gigante no tiene límites, así que piensa en grande y de forma muy positiva. Concéntrate en todo lo maravilloso del presente y en todo lo que te espera en el futuro.

Napoleón Hill, en su libro Piense y hágase rico (que indudablemente debes leer), recomienda que pasemos al menos 30 minutos al día pensando en la persona que queremos ser. Por ejemplo, quiero ser un orador o conferencista profesional. Todos los días paso tiempo pensando en ello, así como en quien me debo convertir para persuadir e influir en las personas, y así tomen el control de sus vidas y hagan cambios positivos.

Deberías hacer lo mismo. Piensa en quien quieres ser hoy y en el futuro; dónde quieres estar física, mental y espiritualmente; y en tu nivel de felicidad, en tu familia, en tu posición económica, etc. ¿Quieres ser dueño de tu propio negocio? Tal vez desees convertirte en médico, contadora, abogada, o tal vez en piloto. No importa cuál sea tu sueño, dedica un tiempo cada día para reflexionar sobre quién ansías ser y cómo lo lograrás.

Aunque muchos no sacan el tiempo para pensar en quién quieren convertirse, si quieres una vida extraordinaria no puedes ser como la mayoría. *Deberás hacer algo diferente para obtener un resultado diferente.* Cuando tu gigante se acostumbre a pensar correctamente, este será el primer paso en el camino para conquistar tus sueños. Cuando empieces a actuar distinto a lo que siempre has hecho te sentirás muy incómodo y raro. Pero no te asustes, es parte del proceso.

TU SISTEMA DE CREENCIAS (SDC)

Si te haces un análisis profundo, notarás que la mayoría de tus creencias no nacieron de ti; sino que fueron transmitidas o inculcadas en tu mente a través de tus padres, culturas, religión, política o normas sociales. *La mayoría llega a la conclusión de que mucho de lo que cree es la única verdad.* Y se convierten en fanáticos de sus creencias. Quizás debido a esto, comienzan a sentir que no pueden cambiar sus circunstancias.

Ten mucho cuidado: *Para mí tu verdad puede ser una gran mentira o mi verdad puede ser para ti una mentira.* Por esto la persona sabia debe ser de mente abierta y debe estar dispuesta a cambiar sus creencias si estas no le están ayudando a crear una vida de éxito.

Nuestro cerebro es un órgano y tiene límites en su tamaño, pero nuestra mente no tiene límites. Quiero que hagas un ejercicio: cierra los ojos y por un instante imagina que eres Superman y puedes salir de la atmósfera y viajar alrededor de la luna y regresar. Es muy simple y fácil, no escuches a tu monstruo interior; simplemente hazlo.

Bienvenido nuevamente a nuestro planeta. Ahora hagamos un recorrido por el universo, la única forma en que realmente podemos hacerlo en este momento es mediante el Internet. Ve al sitio de web www.nasa.gov para ver una foto del universo. En el buscador escribe **"universe map"** y selecciona **"Best map ever of the universe NASA"**.

Esta imagen te sorprenderá, parece un huevo gigantesco con puntos amarillos y azules. Según los científicos, la edad del universo es de alrededor de 13.75 mil millones de años. El diámetro del universo observable se estima en alrededor de 93 mil millones de años luz. Ten en cuenta que la velocidad de la luz es de 186.282 millas por segundo.

A esta velocidad se le podría dar la vuelta a la Tierra siete veces y media en un segundo. Un año luz constituye una unidad de longitud equivalente a aproximadamente 6 trillones de millas. El tiempo que le tomaría a la luz cruzar nuestra galaxia, la Vía Láctea, a la velocidad de la luz, sería de aproximadamente 100 000 años. Entiendo que esta explicación resulta un poco complicada y no es 100% precisa, pero solo quiero que entiendas el punto: el universo es mucho más grande de lo que imaginas.

Existen grupos de galaxias que forman las estructuras más grandes del universo. Imagina que los observas en la pantalla de tu computadora. El grupo donde reside la Vía Láctea consta de 54 galaxias y toma alrededor 10 millones de años luz cruzarlo de un extremo a otro. Aleja un poco más la pantalla y verás que hay otro grupo llamado Supercúmulo de Virgo con más de 100 subgrupos de galaxias y aproximadamente 110 millones de años luz de un lado a otro. Si alejas aún más la pantalla notarás otro grupo de galaxias llamado Supercúmulo de Laniakea: 100 000 galaxias, 520 millones de años luz para cruzarlo de un lado al otro. El Supercúmulo de Laniakea podría ser uno de esos puntos amarillos que ves en el mapa del sitio web de la NASA. Si piensas en todo esto, ¡realmente parece que el universo no tiene límites!

Ahora quiero que uses tu mente y tus creencias para viajar de nuevo por el cosmos. Cierra los ojos y viaja mucho más allá de lo que sabemos que es el firmamento. ¿Cómo se ve más allá del alcance de nuestros satélites y telescopios?

¿Hay otros universos llenos de galaxias y planetas? ¿O es un mar de oscuridad? Lo más probable es que solo puedas imaginar la oscuridad y la razón de todo yace en las creencias. ¿Por qué?

Porque no puedes ver lo que no crees y lo que crees sí puedes verlo. Si crees que existen otros universos, los verás; si no lo crees posible, serán invisibles para ti. *Del mismo modo, si crees que alcanzarás cosas grandes en tu vida, las lograrás; pero si no estás convencido, no las conseguirás.* Es así de simple.

Cuando miras tu vida y lo que te rodea, ¿te gusta lo que ves? Si la respuesta es afirmativa, entonces muy bien, sigue y continúa lo que has estado haciendo. Pero si su respuesta es negativa, debes modificar tus creencias ahora mismo. Todos hemos escuchado la frase común "*Lo creeré cuando lo vea*", pero la realidad es que primero debes creerlo para poder verlo. Tienes que creerlo primero para lograrlo. Este es el poder de tus creencias. En realidad, ellas determinan quién eres.

¿CÓMO FUNCIONA LA MENTE?

Nadie puede discutir el hecho de que nuestra mente es única y poderosa. En ella encontramos muchas herramientas que podemos usar para nuestro propio beneficio.

La mayoría de las personas no han percibido que cuentan con tantas herramientas y cuando saben que las tienen no conocen cómo usarlas o cómo funcionan. ¿Alguna vez has oído hablar de las siguientes facultades de tu mente?

1. Tu mente consciente

2. Tu subconsciente

3. Tu imaginación

4. Tus pensamientos

5. Tu razonamiento

6. Tu memoria

7. Tu sexto sentido

8. Tu libre albedrío

9. Tu intuición

10. Tu percepción

11. Tus sueños

12. Tus ideas

Aunque te comentaré un poco sobre estas herramientas, te recomiendo que realices un análisis más profundo de cada una de ellas. Tu monstruo es un experto en ignorar o hacer mal uso de estas herramientas, pero si prestas atención, tu gigante comenzará a tomar provecho de cada una.

Diría que casi todos sabemos lo que es la mente consciente. Mucho de lo que hacemos a diario son conscientemente: hablar, comer, reír, etc. Por otro lado, muchos no saben cómo explicar qué es o cómo funciona el subconsciente. Reflexiona sobre esto: *lo que piensas en tu mente subconsciente es lo que luego se manifiesta en la realidad.* Nuestra mente consciente consume mucha energía. Sin embargo, el subconsciente actúa como piloto automático, permitiéndole a nuestra mente ahorrar energía al no tener que analizar en exceso y sacar conclusiones sobre todo.

Todo lo que decimos en nuestra mente consciente se impregna en nuestro subconsciente. Por ejemplo: "No soy una persona inteligente, por lo tanto, nunca tendré éxito". Cuando dices esto en tu mente consciente funciona como si lo confirmaras cuatro veces dentro de tu subconsciente. Pero si dices: *"Soy disciplinado y aprenderé todo lo necesario para alcanzar el éxito", esto también se registra en el subconsciente y lo lograrás. Tu mente consciente da órdenes y tu subconsciente las obedece todas, sin hacer preguntas. Asegúrate de que estas órdenes sean de gran beneficio para ti.*

¿Y qué te puedo contar sobre la *imaginación*? Es la facultad humana para representar eventos, historias o imágenes que no existen en la realidad o que no están físicamente presentes. Puedes usar tu imaginación para planificar unas vacaciones o para tu próximo negocio. Con imaginación los seres humanos han podido conquistar lo increíble. *Esta es una de las herramientas que debes usar primero para crear la vida que deseas.* Lamentablemente, la mayoría de las personas, en lugar de usar su imaginación para mejorar, la usan contra sí mismas. Imaginan lo que no quieren o los problemas que pueden surgir. Pero piénsalo por un minuto: si poseemos esta facultad maravillosa, ¿no crees que estamos destinados a usarla para nuestro propio bien y el de la humanidad?

Tus pensamientos son como semillas. Si plantas una semilla en suelo fértil, crecerá hasta convertirse en una planta, una que podría producir alimentos nutritivos o medicinales. Los pensamientos de tu mente consciente son las semillas y el suelo fértil es tu mente subconsciente. En dependencia de qué semillas siembres hoy, será el fruto o grano que recogerás en el futuro. Si no te gusta el grano o el fruto que estás recogiendo hoy, debes plantar otras semillas en tu subconsciente, para que puedas cosechar algo mejor o diferente, y así alcanzar tu máximo potencial.

El razonamiento es la facultad que permite la resolución de problemas y nos posibilita obtener conocimiento y sacar nuestras propias conclusiones sobre varios temas. Los animales no tienen esta capacidad, pero nosotros debemos usarlo para nuestro beneficio.

Nuestra memoria es otra posesión muy importante. En ella podemos guardar buenos recuerdos del pasado para mirar hacia atrás y sonreír; y de los no tan agradables también podemos aprender. Muchas personas parecen no usar su memoria en absoluto, pues he sido testigo de muchos *que cometen los mismos errores una y otra vez*. No debemos torturarnos por los errores del pasado, pero hemos de aprender de ellos para no volver a cometerlos.

Todos conocemos los cinco sentidos: oído, vista, olfato, gusto y tacto, pero a menudo se ignora *el sexto sentido*. Así como se puede vivir sin la capacidad de oler, oír o ver, también puedes vivir sin usar tu sexto sentido. Sin embargo, cuando tenemos y utilizamos todos nuestros sentidos, la vida se torna mucho más fácil. Si aprendes a confiar en tu sexto sentido tomarás mejores decisiones. En el pasado he rechazado empezar algún negocio o comprar una propiedad porque algo no me parecía bien.

El libre albedrío es otra herramienta valiosa pues nos deja decidir libremente qué queremos hacer y qué no. Si no te gusta tu trabajo, eres libre de cambiarlo; si no te gusta donde vives, elige mudarte. Podemos tomar la decisión de permitir que nuestro monstruo continúe controlando nuestra vida, o decidir escuchar a nuestro gigante.

Por otro lado, *la intuición* es algo diferente. He escuchado a muchos estadounidenses referirse a la intuición como un presentimiento, como la capacidad de saber, comprender o percibir algo clara e inmediatamente, sin la intervención de la razón. Por ejemplo, cuando tomas una decisión importante y tienes muchas dudas e inquietudes, mas sientes que es exactamente lo que debes o no debes hacer. Algunos expertos explican que el sexto sentido es otra palabra para la intuición natural.

La percepción es tu capacidad de ver, escuchar o estar consciente de algo mediante tus sentidos. Tu percepción puede influir en ti de manera positiva o negativa. Por ejemplo, dos personas pueden mirar una foto y sacar conclusiones diferentes, o pueden ver que ocurre el mismo accidente, pero explicar lo que sucedió como si se tratara de cosas completamente distintas. *Tus percepciones sobre el éxito, la vida, tu país, tu familia, etc., pueden ayudarte o detenerte, así que analiza si tus percepciones están en línea con tus metas.*

¿Y los sueños? Creo que todos los humanos, al menos una vez, han tenido un sueño mientras dormían. Otras personas que conozco sueñan a menudo y vivamente. Pero me gustaría referirme a la capacidad que todos tenemos de soñar mientras estamos despiertos.

Si compras un boleto de lotería rápidamente comienzas a soñar con lo que harías si te ganaras el premio: Comprarías un carro nuevo a tu pareja, o una casa a tus padres, o un gran bote para ti. O tal vez sueñas con unas vacaciones para viajar por el mundo o mudarte a esa hermosa casa junto a la playa.

Soñar es otra herramienta que puede ayudarte a diseñar y planificar tu vida. Si sueñas con algo constantemente es porque realmente lo deseas. Y yo digo que si tienes el poder de soñarlo, tienes el poder de hacerlo realidad. Necesitas soñar y después trabajar para convertirlo en realidad.

Finalmente, hablemos de *las ideas*. Para comprender completamente el poder de las ideas debe crearlas. Te convido a que escribas tres ideas nuevas en las primeras horas de la mañana todos los días. Por ejemplo, puedes preguntarte: ¿Qué puedo usar hoy para hacer mi trabajo de manera más rápida y eficiente? ¿Cómo puedo mejorar mi negocio? ¿Qué idea puedo poner en práctica para mejorar el negocio de mi amigo? ¿Cómo puedo tener una mejor calidad de vida? Si ves a alguien quejándose por algo, busca una idea que resuelva ese problema.

Pregúntate: ¿Cómo puedo diseñar otro tipo de avión? ¿Cómo puedo mejorar empresas como Amazon o Google? Trata de pensar en ideas para todo, incluso para lo que parece tener mucho éxito. Pueden parecer tontas al principio, pero te aseguro que si se te ocurren, puede que sean necesarias y bastante valiosas.

Nada en este mundo paga más y da más recompensa que las buenas ideas. Quizás las personas que te rodean tratarán de convencerte de que todo lo que vale la pena ya se ha creado, o que no tienes el talento o la creatividad para concebir nuevas ideas. Tú y yo sabemos que ese es el monstruo hablando, no el gigante.

Cuando tengas el hábito de producir nuevas ideas todos los días, será algo que tu mente hará automáticamente. No creerás cuántas buenas ideas te llegarán. Cuando tengas una buena idea, recuerda que debes tomar medidas para desarrollarla. Si no sabes cómo, tu trabajo será encontrar a alguien que sí sepa y que pueda ayudarte. Somos la forma más avanzada de creación. Algunos elegimos utilizar todas las herramientas que poseemos en nuestra mente, pero la mayoría no lo hace. ¿Qué vas a decidir tú?

HAZTE MEJORES PREGUNTAS

Nuestra mente está diseñada para ayudarnos a lograr lo que queremos. Hace unos años aprendí la importancia de hacer preguntas que ayuden a nuestra mente a encontrar la respuesta necesaria. La mayoría de la gente tiene la costumbre de preguntarse: "¿Por qué no tengo dinero? ¿Por qué me pasan todas estas cosas malas? ¿Por qué no puedo ser feliz?" Puedo llenar varias páginas con preguntas de esta clase, porque son las que nuestro monstruo interno le gusta hacer.

Para que podamos obtener las respuestas que realmente queremos, tenemos que hacer las preguntas correctas. Imagina que quieres comprar tu propia casa, pero no tienes idea de por dónde empezar o qué hacer. Decides preguntarle a otros. Cada vez que tienes la oportunidad de hablar con alguien que ya ha logrado esto, tu monstruo inquiere hace preguntas como: "¿Por qué no puedo comprar mi propia casa? ¿Por qué es tan difícil? ¿Cómo es que gente como yo no puede comprar la casa de sus sueños?" Notarás que no serían las preguntas más sabias que pudieras hacer. En cambio, si deseas comprar una casa y necesitas información, debes buscar a las personas adecuadas para que te guíen.

Cuando tu gigante encuentra a las personas idóneas hace preguntas prudentes: "¿Cuál es el primer paso que debo tomar para comprar mi casa? ¿Cuáles son los precios en esta área en particular? ¿Cuánto dinero necesito para pagar los gastos de cierre el día de la compra? ¿Cuánto puede prestarme el banco de acuerdo con lo que gano? Debes hacer preguntas inteligentes y reflexivas, solo así sabrás cuáles son los pasos que tienes que dar para lograr tus metas.

Esto va más allá de comprar una casa. ¿Qué debo hacer para perder veinte libras en seis meses y no recuperarlas más? ¿Cómo puedo comenzar hoy a administrar bien mi dinero? ¿Qué pequeño cambio puedo iniciar hoy para enfrentar los desafíos de la vida con más sabiduría y conocimiento?¿Dónde puedo encontrar más personas con la mentalidad correcta de quienes pueda aprender? ¿Qué debería cambiar en mí para alcanzar la paz y la felicidad? Con estas preguntas específicas tu mente te dará la respuesta adecuada.

A medida que descubras las respuestas que te ayudarán a vivir mejor, te sentirás motivado para aprender aún más. Si creas el hábito de hacerte a ti mismo y a otros estas preguntas, tu mente buscará y reconocerá las respuestas apropiadas. *Tu mente no siempre te responderá lo que deseas escuchar, ya que las respuestas más inteligentes generalmente requieren que seas disciplinado y tomes acción.* Pero, como aprendimos en el Capítulo 5, esta es la fórmula que te llevará al resultado que añoras.

Estas preguntas diferentes y mejores despertarán algo dentro de ti que te hará sentir seguro, poderoso, lleno de energía y motivado, y te ayudará a mantenerte enfocado en el resultado final. Mientras continúes haciendo las preguntas equivocadas recibirás respuestas erróneas que te harán sentir miserable, desmotivado, decepcionado y frustrado. Estos sentimientos no son los ingredientes para la receta del éxito.

TIENES PODER SIN LÍMITES

Lo he dicho antes y lo diré de nuevo, *eres una persona única y especial*. No hay nadie más como tú en este planeta. Aunque podemos parecernos a otros, nuestro comportamiento nunca será exactamente como el de los demás. Nuestras mentes son muy diferentes, pero comparten algo en común: *todas tienen un potencial similar*.

Hasta este momento tal vez nunca hayas considerado completamente el poder que tienes y es porque la mayoría de nosotros no creemos en nosotros mismos, en nuestras habilidades o potencial, y ahora debes saber el por qué. *Tu monstruo quiere demostrarte que no eres lo suficientemente bueno o competente para tener* éxito.

¿Qué sucede a menudo cuando le decimos a alguien cercano a nosotros que tendremos nuestro propio negocio, escribiremos un libro, nos dedicaremos a dominar un deporte o que adelgazaremos? Desafortunadamente, la mayoría responde de forma negativa. Pueden decir que resulta demasiado difícil, que no tienes la ética de trabajo adecuada o que no es el mejor momento para intentar tus sueños. Rápidamente les creemos y continuamos en la misma rutina, olvidando nuestras metas y aceptando nuestras vidas como sea.

Aquí hay un secreto que, si lo pones en práctica, cambiará su vida por completo: solo *tú has de creer en ti y en tu gigante interior*. Aunque en tu mente se destaquen constantemente pensamientos negativos, cree en ti mismo y en el poder de tu gigante y comienza a trabajar en lo que quieres. ¡No te rindas! Todas tus dudas sobre ti mismo pueden parecer válidas, y las personas que te conocen pueden en muchos casos tener razones para no creer en ti tampoco, pero eso no importa.

Imagina que un día le dices a tu pareja que vas a hacer algo extraordinario, algo que nunca antes has hecho, como hacer ejercicios a diario o limpiar el garaje. Él o ella pueden reírse en tu cara. ¿Por qué? Porque conocen tu forma de ser y tus malos hábitos. Todos los días llegas a casa del trabajo e inmediatamente te sientas en el sofá con una cerveza en una mano y el control remoto en la otra, hasta que te duermes. El fin de semana es más de lo mismo. Tu pareja nunca te ha visto leyendo o aprendiendo nada nuevo o haciendo ejercicios o haciendo nada en la casa. Hasta ahora le has demostrado que no eres una persona disciplinada u organizada, y es probable que pases tiempo con otros como tú. Por eso, cuando le dices que harás algo que nunca te ha visto hacer, no te cree. Lamentablemente muchos de nuestros malos hábitos nos impiden que creamos en nosotros mismos.

Pero, ¿y si a partir de hoy decides que solo necesitas creer en ti y te comprometes a construir tu gigante durante todo un año? Durante este período decide no perder el tiempo mirando televisión sin sentido y comienza a asistir a la universidad en tu propio automóvil, lo que significa que en lugar de escuchar música mientras conduces, escucha a personas exitosas mediante audiolibros, CD o videos de YouTube; o toma la decisión de no ver televisión durante todo un año y comienzas a hacer ejercicio, leer y asociarte con personas que ya han logrado lo que quieres lograr en el futuro. Cuando quienes te rodean ven que estás haciendo estas cosas pueden tener sus dudas al principio. Incluso podrían esperar que finalmente te rindas, lo que sería un reflejo directo de tus propios hábitos, pero demuéstrales que están equivocados. Con el tiempo reconocerán que vas por el camino correcto, que estás comprometido y que eres una persona disciplinada. Así le darás pruebas para que crean en ti. Y tú también creerás en ti mismo.

Aunque no te conozco, creo en ti. Creo que el poder que poseemos como seres humanos no tiene límites, y que si estás leyendo este libro, estás tratando de descubrir tu propio poder. Por eso es tan importante que tengas cuidado con los pensamientos negativos y que evites los monstruos de los que te rodean para que no te contagien. Todos los días estamos sujetos a la negatividad, pero no debes permitir que nada ni nadie te derrote cuando tratas de lograr algo mejor. *Recuerda que el que persevera triunfa.*

***

ACCIONES A TOMAR AHORA

Tómate unos minutos y medita. Comprende que posees todas las herramientas que necesitas para conseguir lo que deseas. Siente el poder interno que te dice "*puedes*", incluso si tienes dudas. Para empezar, escribe cinco afirmaciones y dilas en voz alta todos los días. (¡Esto vuelve loco a tu monstruo!) Usa palabras que resuenen contigo. Algunos ejemplos son: "Yo puedo hacerlo", o "Yo creo en mí", o "Mi poder no tiene límites". Tus creencias harán la diferencia. ¿Qué vas a creer sobre ti a partir de ahora? Escríbelo. Visita www.buildingyourgiant.com/bonuses para obtener acceso a más contenido exclusivo y para descargar una lista de afirmaciones.

¿Qué herramientas puedes utilizar ahora?

NOTAS

_____

_____

_____

_____

_____

_____

_____

_____

_____

_____

_____

_____

_____

CAPÍTULO 7
¿CUÁL ES EL CÓDIGO DE HONOR DE TU GIGANTE?

"Una persona sin código de honor es como un automóvil sin motor".

Josué López

¿ES TU PALABRA UN CONTRATO?

En este mundo puedes encontrar hombres y mujeres con un excelente código de honor. Sin embargo, también hay muchos que ni siquiera saben lo que eso significa. Como todavía estás leyendo este libro, sé que posees la mentalidad adecuada para el éxito. Debes tener claro tu código de honor y regirte por él

Un código de honor consiste en un estándar de comportamiento considerado como apropiado. Es importante analizarnos para determinar si nuestro código de honor coincide con la persona en la que deseamos convertirnos. También aconsejo tener cuidado con quienes te rodean, con aquellos controlados por su monstruo interno, que no creen que un excelente código de honor sea vital.

Si has llegado hasta aquí, te has comprometido a dejar que tu gigante tenga el control, y uno de los principales rasgos de carácter de tu gigante es ser confiable, vivir con un código de honor admirable. Has de convencerte que para ser extraordinario en todos los aspectos de la vida, resulta necesario un óptimo código de honor. ¿Te sientes satisfecho con tu código hoy, o quieres mejorarlo?

Ya mencioné que *las cosas pequeñas que parecen insignificantes son a menudo las más importantes*. Tal vez no creas que mantener tu palabra siempre resulta fundamental, especialmente para asuntos de poco valor; pero recuerda, se trata de demostrar en todo momento que te guía tu gigante, no el monstruo.

Tu gigante cumple lo que te promete a ti y a los demás. Ya sean promesas grandes o pequeñas. Si te dices: "Hoy voy a comer sano todo el día. También iré al gimnasio por una hora y luego pasaré tiempo de calidad con mi familia", así lo harás. Si llevamos claro nuestro código de honor nos será fácil cumplir nuestra palabra.

No olvides dar un paso a la vez. Continúa haciendo lo primero que dijiste que harías. *Considera tu palabra como un contrato contigo mismo*. Al no romper este contrato, te demostrarás a ti y a los demás que te riges por tu gigante. Esta será la base de tu código de honor.

A veces es más fácil cumplir nuestra palabra cuando tratamos con otros, *pero mucho más difícil cuando lidiamos con nosotros mismos*. No puedes permitir que esto suceda. Una vez que hayas establecido tu código de honor, serás más consciente de lo que te dices a ti y a los demás.

También aprenderás a ser más consciente de los compromisos que elijas hacer. Quizás, cuando tu palabra sea un contrato, debas comenzar a decir no a muchas cosas. Ya no harás una promesa solo porque es más sencillo ser agradable en el momento, aunque dudes que cumplirás tal promesa. Al principio puede lucir difícil, pero ese es tu monstruo tratando de regresar al asiento del conductor.

Otro inconveniente de decir **sí** cuando tu gigante interior está diciendo que **no**, es que te comprometas demasiado con los demás y descuides tus prioridades. Para mí este era un gran problema, ya que tenía miedo de decir que no y siempre estaba ocupado resolviendo los problemas de otros, porque mantenía mi palabra. Hasta que un día decidí comenzar a decir no.

La reacción de los que me rodeaban fue mixta. Muchos me dijeron: "Has cambiado tanto que ni siquiera te conozco". Al decir que no les di la oportunidad de aprender a lidiar con sus propios dilemas. Los humanos tienen una tendencia natural a descargar sus problemas en los demás y también solemos resolverlos, porque parecen más fáciles que los nuestros.

Pero con este juego constante nadie tiene el chance de aprender a solucionar sus propios asuntos. El crecimiento personal ocurre cada vez que nos esforzamos por solventar nuestros problemas, lo que resulta ser una mala noticia para nuestro monstruo, que quiere que nos mantengamos débiles y perezosos. Poco después de que mi gigante me recordara que necesitaba decir sí a mis prioridades, mis conversaciones con quienes buscaban mi ayuda cambiaron. Cuando alguien me pedía que hiciera una llamada telefónica para obtener la información que ellos buscaban porque yo sabía que decir, les decía cortésmente que si yo llamaba no les haría ningún favor, porque no los ayudaría a crecer, y que yo de verdad estaba muy ocupado.

No me malinterpretes, no digo que debas dejar de ayudar a los demás. Si alguien te pide apoyo, ayúdale si piensas que es lo correcto. Solo ten en cuenta que si dices que vas a hacer algo, hazlo. Y si sientes que esta persona debería hacerlo por sí misma, no lo hagas; o si tienes alguna duda de poder cumplir tu palabra, está bien decir que **no**.

Cumple tu palabra y crecerás como persona, y te rodearás de gente honorable. Muchas oportunidades vendrán, simplemente porque serás reconocido como alguien de confianza. Nadie quiere hacer negocios con quien no confía. Muéstrale al mundo que tu palabra es un contrato que nunca romperás.

¿PUEDEN OTRAS PERSONAS CONFIAR EN TI?

Piensa en alguien en quien confíes plenamente. Tal vez un pariente muy cercano o un amigo. ¿Cómo sabes que puedes confiar en ellos? ¿Qué los distingue? Quizás pensarás que, porque los conoces desde hace mucho tiempo, o porque han demostrado que nunca te traicionarán, o porque tienen grandes valores, o porque son muy respetados, o porque cumplen con su palabra.

Lo interesante de la confianza es que toma tiempo desarrollar, en muchos casos años, pero se puede perder en un minuto. He tenido amistades que una vez admiré y ayudé en muchas ocasiones, pero con el tiempo algunos de estos amigos comenzaron a actuar de forma que no se alineaba con mis valores fundamentales. Tomaban decisiones egoístas, pensando en su propio beneficio sin importar las consecuencias para los demás. Era doloroso ver esto. Tuve que separarme de ellos antes de que me hicieran daño.

Poder confiar en alguien es una cualidad importante. Otros deben saber que pueden confiar en ti, que nunca los traicionarás de ninguna manera. Esto se aplica a nuestras familias, amistades, en nuestros negocios. Cuando estableces este nivel de confianza, las personas quieren lo mejor para ti y hacen lo que pueden para ayudarte, tal como tú les ayudas.

Aprende a decir que no, pero cuando digas que sí, *recuerda que tu palabra es un contrato*. Por lo tanto, debes cumplir con lo acordado. Si das marcha atrás, o tienes la costumbre de crear excusas y decir que lo olvidaste, o que estabas demasiado ocupado, poco a poco te convertirás en alguien no confiable.

En esas ocasiones en que la vida se interpone y surgen imprevistos que imposibilitan cumplir con nuestro compromiso previo, *debes comunicarte rápidamente con la otra persona de una forma directa y clara, y decirle específicamente por qué no puedes cumplir tu palabra según lo planeado, cuál es tu nueva promesa y cómo cumplirás con ella.* Debes hacerlo en cuanto sepas que no podrás cumplir, no una semana, seis meses o un año después. Esta simple tarea fortalecerá aún más tu base de confianza con los demás.

La mayoría no actúa de este modo porque son guiadas por el monstruo interior y este se esconde en lugar de actuar, especialmente cuando se trata de inconvenientes o asuntos trabajosos. Cuando todo marcha bien es fácil cumplir, pero en las dificultades tu gigante puede demostrar ser fuerte y vivir según un código de honor.

Tal vez no te atrevas a traicionar a alguien en un negocio, o a un amigo, pero, ¿traicionarías a tu pareja? En mi opinión, si está dispuesto a traicionar a tu pareja, es solo cuestión de tiempo antes de traicionar a cualquier otra persona, porque tu monstruo tiene todo o gran control sobre ti. Muchos dejarán de confiar en ti y lo que es peor, *perderás la confianza en ti mismo.*

Puede que no lo hayas notado antes, pero el monstruo a veces usa las estrategias más simples para controlarte. Por eso a muchos no les va tan bien en la vida. Si no enfrentas tus problemas y cumples con tus compromisos, te irá mal porque nadie confiará en ti. Otros se mantendrán alejados debido a tu comportamiento inapropiado. Cumple tu palabra en las cosas pequeñas y en las grandes. *Cumple cuando haces un compromiso contigo mismo y con los demás.* Solo el hecho de que puedan confiar en ti te ayudará a cambiar tu vida por completo. Y cada vez que cumplas tu palabra, fortaleces al gigante que llevas dentro, dándole fuerza y equilibrio.

Cuando tú y los demás pueden confiar en ti, el resultado es una paz interior que no se compara con nada más. Donde quiera que vayas encontrarás puertas abiertas. No se trata de trabajar durante unos días para generar confianza y luego renunciar a ella. Has de esforzarte por ser confiable hoy y siempre.

¿ERES UNA PERSONA DE INTEGRIDAD?

Ser íntegro es muy importante e implica muchos rasgos de carácter, como la honestidad. Estas dos palabras están relacionadas, mas existe una diferencia entre ser honesto y ser íntegro. En muchas circunstancias, ser honesto es difícil; sin embargo, no serlo siempre nos cuesta. Todos los días debes esforzarte por ser una mejor versión de ti mismo, mejor de lo que eras ayer. Cuando vives como alguien deshonesto, demuestras a los demás que eres corrupto.

Para ser honesto contigo y con otros necesitas valor. Cuanto más altos sean los valores que posees, más honestidad podrás demostrar. Yokoi Kenji dijo: *"La honestidad es preciosa, pero la integridad es esencial"*. La honestidad habla de lo que haces en el exterior, lo que le dices a los demás y cómo tratas a quienes te rodean.

Ser íntegro va más allá. Yokoi dijo: *"La integridad implica quién eres realmente por dentro"*. Entonces, ¿quién eres por dentro? Tal vez estás pretendiendo ser en el exterior alguien o algo que no es lo que realmente eres. ¿Es tu comportamiento con el exterior coherente con tu carácter interior?

Puedes mostrar y expresar todo lo que quieras sobre la vida que sueñas tener, pero cuando nadie te está mirando, ¿sigues el ejemplo de quienes ya han logrado lo que anhelas? ¿En tu interior haces todo lo que necesitas para conseguir tus sueños? ¿Hoy vives de manera honesta y con integridad?

Un ejemplo hipotético: para los que me rodean puedo fingir que soy una persona religiosa y que acepto y estoy de acuerdo con todas las doctrinas de mi religión. Quizás incluso visito la iglesia con mi familia semanalmente. Pero hablemos de mi integridad, de lo que soy por dentro. Quizás no creo en la Biblia como la palabra de Dios y no sigo sus enseñanzas. Me emborracho cada vez que tengo una oportunidad y engaño a mi esposa. Tal vez no estoy de acuerdo con la religión en general y pienso que sus doctrinas son ridículas. Tal vez voy a la iglesia porque no quiero ser juzgado o criticado por otros, o porque mi esposa me lo pide. Para el exterior aparento ser una cosa, pero por dentro sé que soy muy diferente.

Espero que entiendas el punto: *puedes fingir por fuera, pero adentro no puedes esconder nada de tu propia alma ni de tu gigante interior.*

Para lograr aquello que ansías, debes conocer y comprender la importancia de tener integridad en lo más profundo de ti, especialmente cuando nadie te está viendo. Esto forma parte de tu código de honor. Tu monstruo interno no quiere saber nada sobre honestidad e integridad, pero con estas cualidades esenciales, tu gigante continuará creciendo y llegará a ser poderoso, hasta sentirse invencible.

"La excelencia moral surge como resultado del hábito.
Nos volvemos justos haciendo actos justos, templados
haciendo actos templados, valientes haciendo actos valientes".
Aristóteles

¿ERES VALIENTE?

Cualquiera puede ser valiente, pero muchos eligen no serlo, porque actuar como cobarde requiere mucho menos esfuerzo. Sin embargo, para lograr grandes cosas en la vida has de ser valiente. Quiero que sepas que nuestro gigante es muy valiente, mas se ve detenido por el monstruo todo el tiempo cuando este es quien nos controla. *El gigante debe salir y hacer lo que no ha hecho antes.* Las personas exitosas son valientes porque están dispuestas a hacer precisamente eso.

Demuestra valor en cada decisión que tomes ya sea grande o pequeña. Para decidir leer un libro para aprender cosas nuevas en vez de ver un programa de televisión, debes ser valiente; para invertir tiempo y dinero en asistir a un seminario de superación personal, debes ser valiente; para comenzar tu propio negocio, debes ser valiente. Para hacerte monetariamente rico, debes ser valiente. Si piensas en una persona exitosa por quien sientes una gran admiración, estoy seguro de que demostró valentía para alcanzar sus sueños. Un conferencista frente a una gran audiencia debe colmarse de valor y vencer todos sus miedos. Para hacerte miembro de un club con el fin de aprender a hablar en público (como Toastmasters International), has de ser muy valiente. Muchos aseguran que temen más a hablar en público que a la muerte. Si este es uno de tus mayores miedos y logras superarlo, serás imparable. Sin lugar a duda, para convertirte en un ser humano extraordinario, debes estar colmado de valentía.

La mayoría es resistente al cambio, pues cuesta mucho salir de la zona de confort. Por ejemplo: Imagina que posees un barco elegante y costoso, uno con dos o tres motores fuera de borda, como un Contender, Intrepid o Yellowfin, y lo tienes estacionado en tu casa, encima de un remolque. Todos los días lo miras, pero nunca lo lanzas al agua. ¡Qué desperdicio sería! Tu gigante interior es como ese bote. No dejes que se desperdicie sobre lo seco, bajo el control de tu monstruo. En cambio, sé valiente y libéralo para que pueda crecer y explorar cada aspecto de la vida.

Mucho se ha escrito sobre los valientes, no solo por lo que han podido alcanzar por sí mismos, sino por lo que hacen por los demás. Por eso, cada vez que tengas que demostrar valentía, debes hacerlo. Mientras más coraje tengas, mayores serán tus posibilidades de encontrar el éxito y conquistar tus sueños. Y estarás en una mejor posición para ayudar a otros.

Una vez fui de vacaciones con mi familia a República Dominicana y mientras estábamos allí fuimos a visitar un lugar llamado El Hoyo

Azul. Cuando llegamos nos recibió la belleza de un manantial natural azul brillante. Se había construido una plataforma alta de madera alrededor del manantial, desde donde los visitantes podían saltar al agua. Mi hijo tenía ocho años en ese momento y quería saltar, pero no encontraba el valor. Durante unos cinco minutos, se quedó mirando por encima del borde, acercándose lentamente, luego alejándose, luego acercándose nuevamente.

Los espectadores comenzaron a animarlo, le decían: "¡Salta, tú puedes!" Hasta que finalmente, tuvo el valor suficiente para hacerlo. ¿Qué pasó después de su primer salto? ¡Quería hacerlo una y otra vez!

Los mismos sentimientos de miedo y aprensión ocurren en todas las edades, en cualquier escenario. La gente quiere probar algo nuevo y lograr grandes cosas, pero no tienen el valor. Su temor los controla y los detiene, en muchos casos, durante toda una vida. ¿Pero sabes qué sucede cuando hallas el coraje y haces lo que te intimida? Te vuelves más valiente y lo que antes te aterrorizaba se torna mucho más fácil. Tu confianza crece a medida que tu gigante se fortalece. Y si al principio no tienes éxito cuando intentas algo nuevo, no dejes que eso te detenga. Continúa siendo valiente e inténtalo hasta que logres el objetivo deseado.

¿ERES UNA PERSONA ORGANIZADA?

¿Te has preguntado en qué área de tu vida necesitas ser más organizado? ¿Por qué la organización es tan importante? *En el momento en que decides organizar tu entorno te conviertes en alguien mejor, con una mayor probabilidad de alcanzar gran* éxito. Conozco a muchas personas que no son organizadas y esto los ha detenido en este camino, mientras que otros que sí lo son avanzan rápidamente.

La desorganización es una desventaja y se compara con caminar en el barro: puedes avanzar, pero con cada paso que das tus pies se entierran y requiere mucho esfuerzo levantarlo para dar el paso siguiente. Si deseas progresar a buen ritmo hacia tus metas, debes organizar todas las áreas de tu vida. De lo contrario, tu entorno personal se hará pesado y agobiante, y te será cada vez más difícil avanzar.

Tu monstruo interior no siente la urgencia de organizarse. Para él no es importante y prefiere dejar todo para mañana. Sin embargo, tu gigante es todo lo opuesto. No quiere posponer nada. Él quiere hacer todo hoy. Después de todo, mañana es algo que ninguno de nosotros lo tiene prometido.

Entonces, ¿dónde crees que deberías comenzar a organizarte mejor? Sugiero comenzar con tu mente, luego organiza tus emociones, luego tu cuerpo y por último, el entorno. Resulta muy difícil organizar algo en el exterior si no ordenas primero el interior. Discutiremos esto un poco más adelante.

Mi sugerencia es: *una cosa a la vez, pero con persistencia.* Si organizas la oficina, por ejemplo, empieza una hoja de papel a la vez. Cuando agarres algo no lo sueltes hasta que esté en el lugar que le corresponde, especialmente si pertenece a la basura. Haz lo mismo en casa, un artículo a la vez. Es posible que hayas visto la palabra enfoque definida de la siguiente forma: Seguir un curso hasta tener éxito. Cuando te concentras en manejar una cosa a la vez, pero con persistencia, tendrás éxito en tu objetivo de organizarte.

Recuerda este consejo sabio y práctico que aprendí por las malas: *cuando pierdes, a veces, ganas mucho.* Cuando miras tu garaje o tu casa, ¿quién está a cargo, aparentemente? ¿Tu monstruo o tu gigante? Lo podrás notar a simple vista, en muchos casos, los garajes están llenos de muchas cosas sin valor y esto no te permite guardar el carro. Si este es tu caso, realiza una venta de garaje y vende todo lo que no estés usando. Lo que no puedas vender, regálalo, o dónalo, y lo que no te sirva, bótalo. No pienses en cuánto te costará este proceso, mantente enfocado en organizarte, porque esto siempre ayudará a que tu gigante interior esté bajo control.

Lo más probable es que si guardaste estas cosas en el garaje es porque no las necesitas. Cuanto más poseas cosas que no necesites, más peso tendrás y menos podrás relajarte. No necesitamos mucho para vivir y una vida simple puede ser aún más agradable. Creo que tener algunas cosas de alto valor es mejor que tener muchas de ínfima calidad. ¿No lo crees?

Por otro lado, si guardas muchas cosas innecesarias, tal vez tú y tu familia estén siendo guiados por las emociones del momento y compren lo que realmente no necesitan. Aprende la lección y ahorra para poder invertir en algo más productivo. Si tu vida económica está desorganizada, pon en práctica lo que aprenderás en este libro, para que tengas control sobre tu dinero también.

Querer mantener lo innecesario es la idea del monstruo interno, ya que siempre está pensando en sobrevivir y no en crear. Siempre siente que necesitará todas esas cosas algún día. Cuanto más organizada sea tu vida, más fácil será para el gigante centrarse en lo valioso. Siempre simplifica antes de intentar organizarte. Ya sea en casa o en el trabajo o en la oficina de tu empresa. ¿Acaso no resulta más fácil organizar 400 cosas que 4,000? Cuando hayas organizado lo que decidiste conservar, debes comprometerte a estar al tanto. Una vez organizado no significa que continuará así, a menos que lo mantengas.

Una de las mejores maneras de evitar que el caos regrese es crear un sistema para ti y tu familia, de modo que cada uno tenga una asignación para que todo se mantenga como debe. Un sistema hogareño puede ser tan simple como cuando mamá o papá llegan a casa después de hacer las compras de alimentos, el hijo o la hija salen del carro y traen todas las bolsas de alimentos, sin importar cuántos viajes deban realizar. Mientras tanto, mamá o papá desempacan y ponen todo en su lugar. Se trata de un procedimiento que todos pueden aprender a seguir frecuentemente según sea necesario. *Aquello que incluya una serie de tareas a repetir debe convertirse en un sistema y seguirse para mantener un entorno organizado.*

¿AYUDAS A OTROS?

Dentro de tu código de honor debe haber una pasión por ayudar a otros a mejorar. Tienes que sentir el deseo de ver que otras personas también prosperan. Si tu monstruo interno se sale con la suya, solo te enfocarás en ti. Tu monstruo es codicioso y anhela todas las posesiones materiales y el reconocimiento. No es raro ver que las personas digan: "Yo primero y los demás que se j*d*n".

Si el monstruo interior siempre está pensando en sí mismo y la mayoría de las personas que nos rodean están controladas por su monstruo, eso explica por qué la tendencia de la mayoría es pensar en sí mismos en todo momento. Incluso cuando saben que otros están trabajando duro y prosperando, sienten envidia o infelicidad por ver a otros triunfar.

Si alguna vez te has sentido así, puedo decirte que tu monstruo es el culpable. Quienes se guían por su gigante, se comprometen a lograr el éxito y al mismo tiempo ayudan a otros a obtenerlo, y cuando ven a otros alcanzar éxito sienten un gran regocijo.

Tu monstruo interior, por otro lado, solo ve escasez en el mundo y se enfoca únicamente en eso. La idea de que no hay suficiente para todos forma parte de la mentalidad del monstruo, pero quiero que confíes y creas que la Tierra tiene cuanto necesitamos para poder disfrutar de la vida al máximo. Yo sueño con que las buenas personas del mundo vivan llenas de riqueza y abundancia. Me encantaría ver, a donde quiera que vaya, gente sana y feliz caminando por ciudades limpias y bien cuidadas, rodeadas de casas llenas de comodidades, con lujosos autos estacionados al frente. Sin embargo, para que esto suceda, debemos concentrarnos en ser mejor y en ayudar a los demás y cuidarnos de no ser avariciosos.

Y tengo otro secreto para alcanzar lo que ansías de inmediato: *trata de ofrecer servicios que beneficien a los demás. Cuantas más personas puedas servir y ayudar, más rápido podrás obtener lo que deseas.* Es así de simple. Quienes han desarrollado grandes inventos, como la electricidad, las computadoras, teléfonos, aviones, etc., han cambiado el mundo porque han ayudado a millones. No solo tú y yo nos hemos beneficiado de estas creaciones, sino que, al ayudar a tantos otros, los propios inventores también se favorecieron.

Quizás en este momento no tengas una idea espectacular que repercuta en toda la humanidad, pero cualquier servicio que proporciones a otros puede cambiarles la vida o mejorarla. Si tienes un restaurante, podrías idear nuevos métodos para alimentar a más personas, acelerando tus procesos o expandiendo tu espacio. Si posees propiedades de alquiler, considera cómo puedes adquirir más casas para proporcionar más viviendas a otros. Si te dedicas a pintar, piensa en cómo traer más belleza al mundo pintando más casas, automóviles o edificios. Si das empleo a cinco personas, piensa si puedes agregar puestos para emplear a diez o más. Si trabajas para un jefe y no tienes oportunidad de servir a muchas personas, pero quieres hacerlo, entonces tal vez sea hora de comenzar a pensar en tener tu propia compañía. Pero, para servir y ayudar mejor a los demás, quizás debas esforzarte por ser mucho mejor de lo que hoy eres.

***

ACCIONES A TOMAR AHORA

Escribe tu código de honor en un párrafo o dos. Si ya lo tenías antes de leer este libro, examínate y busca a ver si hallas un área donde mejorar. Si nunca antes habías pensado en tu propio código de honor, escríbelo claramente. Sé específico/a para que conozcas y comprendas el conjunto de valores, rasgos de carácter y comportamientos que te definirán a partir de ahora.

¿Cuál es el código de honor de tu gigante?

NOTAS

_____

_____

_____

_____

_____

_____

_____

_____

_____

_____

_____

_____

_____

_____

CAPÍTULO 8
¿PUEDES CONTROLAR LO QUE SIENTES?

"Tus sentimientos y emociones pueden servirte o esclavizarte".
Josué López

EL MIEDO: ¿AMIGO O ENEMIGO?

¿Te dominan los miedos o los controlas? Para dominarlos primero debes entenderlos. El miedo es tu mejor amigo y también tu peor enemigo. Hoy estás vivo, alimentado, vestido y leyendo este libro, gracias a tus miedos. El temor es natural, es lo único que te indica dónde están los peligros para que puedas evitarlos. Si estás en la cima de un edificio, tus miedos te advierten que, si te deslizas por el borde, el aterrizaje será bastante doloroso y probablemente te causará la muerte. Si estás en una zona del mar llena de grandes tiburones blancos, el miedo evitará que te tires al agua por el peligro que existe.

Sí, el temor te protege, pero también te impide probar cosas nuevas. Por ejemplo, si tienes que hablar en público, incluso cuando estás preparado, tus nervios, o tu monstruo en este caso, te pueden hacer sentir que vas a morir. En realidad, incluso si todo sale mal durante tu discurso y la gente se ríe o te critica, el acto de hablar en público no te matará. Tu ego puede terminar maltratado y magullado, y a veces el miedo a que eso suceda es suficiente para evitar correr el riesgo y salir de la zona de confort.

Piensa en una montaña rusa, o en muchas de las otras atracciones que existen en los parques de diversiones. Confías en que estos son seguros y que no pasará nada malo si los montas, así que te puedes subir a ellos y disfrutar el viaje. ¿Por qué todavía parecen tan atemorizantes? Porque nuestro miedo no duerme, siempre quiere protegernos y a veces nos enloquece en el proceso. Eventualmente, cuando superamos la preocupación y dominamos lo que nos asusta, notamos que las cosas no son tan terribles y que todavía estamos vivos para contar la aventura. Entonces, es perfectamente normal sentir miedo, pero no dejes que te controle o arruine tu vida.

Para crecer como persona, tenemos que tomar la decisión de actuar, incluso si sentimos miedo. Si no actuamos, no alcanzaremos nuestro máximo potencial. *El temor te mantiene enfocado en el pasado y preocupado por el futuro. Muchas veces nos preocupamos por cosas que nunca suceden, pero el mayor temor que deberíamos sentir es a nunca haber vivido plenamente.* Si no estás dispuesto a probar cosas nuevas, entonces habrá mucho que nunca explotarás, aprenderás y disfrutarás, no porque tengas miedo, sino porque decidiste dejar que él te controlara. No tenemos control del mundo exterior, pero podemos asumir el del interior. Entonces, haz algo que te de miedo todos los días, para que crezcas como persona. Esta es la única forma de dominar tus miedos. Ellos son como el aire que necesitamos para sobrevivir, pero cuando el aire se sale de control debido a una tormenta, puede ser mortal. No odies tus miedos, porque son parte de lo que eres y los necesitas, simplemente no dejes que te dominen.

¿Y si te digo que, en el camino al éxito, el miedo es tu GPS (Sistema de Posición Global)? El GPS es un excelente ejemplo, se trata de un invento que ha cambiado el mundo. Si usas un teléfono inteligente, probablemente tienes esta herramienta a tu alcance. Puedes viajar por el mundo sin preocuparte por perderte, simplemente ingresas el destino deseado y el GPS te guiará paso a paso. Mas tu miedo, actuando como GPS, también puede mostrarte el camino hacia el éxito: Cada vez que sientes miedo, probablemente eso te indique exactamente la acción que has de tomar para crecer y alcanzar tus próximos triunfos.

Si temes a hablar en público, entonces esto es lo que debes hacer. Si tienes miedo de comunicarte con nuevos clientes, pues eso es lo que debes hacer. Si te atemoriza disculparte por un error que cometiste, entonces eso has de hacer. Si deseas iniciar tu propio negocio, pero temes al fracaso, pues es muy probable que debas comenzar tu emprendimiento.

En tu vida personal observa dónde te detiene el miedo. Si quieres pedirle a alguien en particular que salga contigo, pero te asusta, debes hacerlo. No permitas que tu monstruo interior o el miedo al rechazo te detengan. La presencia del miedo te indica que es hora de actuar. Cada vez que decides dominar tu miedo te conviertes en una persona más poderosa.

¿PUEDES CONTROLAR TUS EMOCIONES?

Todos conocemos personas que no pueden enfrentar sus propias vidas. Optan por soluciones temporales como "Cuando estoy triste, recurro a los dulces". "Cuando me siento nervioso, fumo cigarrillos o mariguana". "Cuando me estreso, me calmo con el alcohol". "Cuando estoy deprimido, me escondo en mi habitación". "Cuando siento ansiedad o desesperación, calmo el dolor con drogas". "Si estoy de mal humor, me pongo físicamente agresivo". "Para sentirme feliz necesito dinero". "Para sentir paz necesito irme de vacaciones". "Cuando siento muchas de estas cosas a la misma vez me da por comer". Proporcionan soluciones huecas a corto plazo, en el mejor de los casos. Por lo general, los problemas sólo empeoran cuando se utilizan estas estrategias.

Por supuesto, todos experimentamos diferentes emociones y, en dependencia del día, a veces estas emociones pueden variar de extremadamente alegres a radicalmente tristes, o nos sentimos molestos o ansiosos. Somos seres humanos y estos cambios son naturales, pero para la mayoría, aquellos controlados por su monstruo interno, las emociones negativas son las que persisten.

Como ya decidiste que tu gigante tome las riendas, necesitas controlar lo que sientes. Si tus vicios actuales incluyen fumar, usar drogas o beber demasiado alcohol, es evidente que tu monstruo te domina. De ahora en adelante, asume el control de tu cuerpo. Tú le dirás a tu cuerpo lo que necesita, no al revés. No tener control de uno mismo es un signo de debilidad. Todo lo que deseas conseguir comienza con una decisión, una decisión clara y firme. Algunas veces estas decisiones te llevarán por un camino mejor; otras no lo harán. Conozco a varios que desean dejar de fumar, pero aseguran que no pueden porque es demasiado difícil. Imagina ahora mismo si tomaras la decisión de no fumar nunca más. ¿Crees que morirías? ¡Por supuesto que no! En cualquier caso, podrías prolongar tu vida.

Tengo otros amigos que, en muchas ocasiones, han tomado decisiones monetarias importantes, como comprar un automóvil caro o un barco nuevo. La mala decisión no ha sido la compra del auto o el bote en sí, sino el hacerlo a pesar de su mala situación financiera. Todos compramos cosas que queremos y no necesitamos, pero si alguien está luchando por mantener un techo sobre su cabeza, probablemente no sea el mejor momento para comprar un bote, a menos que planee vivir en él.

¿Por qué tantas personas toman decisiones de este tipo cuando saben que lo que hacen es poco inteligente e irresponsable? Porque continúan dejándose controlar por su monstruo interior. Se dejan controlar por lo que sienten en el momento, y buscan satisfacción instantánea sin pensar en las consecuencias que sus decisiones tendrán en el futuro.

Nunca olvides que cada decisión, pequeña o grande, que tomes hoy, importa, porque te afectará en el futuro, para bien o para mal. Por eso el autodominio resulta esencial, para decidir de forma más inteligente y responsable, y así garantizar un mejor porvenir.

Independientemente de si crees en la Biblia como la palabra de Dios o del hombre, esta contiene valiosas lecciones. *"[...] golpeo mi cuerpo, y lo domino"* (1, Corintios 9:27).

En estas palabras hallamos la importancia de aprender a controlar nuestros propios cuerpos y el poder que esto otorga. Si aún no estás familiarizado con este hábito, puede parecer difícil al principio, pero es algo que debes lograr para crecer como persona. Si no puedes controlarte a ti mismo, será mucho más difícil controlar los factores externos.

Resulta sencillo ceder ante tu cuerpo cuando permites que te domine. Comer lo que quieras, comprar cosas caras, fumar, beber o ser infiel a tu pareja; todo esto puede proporcionar una gratificación instantánea, pero de corta duración. La verdadera gratificación a largo plazo llega cuando asumes el control sobre ti mismo.

> *"Si eres duro contigo mismo, la vida será fácil para ti.*
> *Pero si insistes en ser suave contigo mismo,*
> *la vida será muy dura para ti".*
> *Zig Ziglar*

Ahora es el momento de que comiences a tomar decisiones inteligentes y responsables para agarrar el control. Y rápidamente verás cómo todo cambia por completo.

¿CUÁL ES TU DEFINICIÓN DEL FRACASO?

El fracaso es uno de los mejores maestros que podemos tener. Para muchos resulta difícil entender cómo el fracaso puede ser beneficioso, porque suele ser bastante difícil de experimentar y aceptar. Sin embargo, *los ganadores aseguran que el fracaso no existe, lo que existe es un resultado.* Si no obtienes el resultado deseado, debes intentarlo nuevamente, con un enfoque diferente. Una definición simple del fracaso es: *El resultado adverso a un evento u ocurrencia que se esperaba saliera bien.*

Por ejemplo, si empiezas una nueva dieta y sigues las instrucciones, pero percibes que después de un tiempo no estás logrando los resultados que querías a pesar de haber hecho el sacrificio, puedes sentir que has fracasado. La verdad es que, si bien no obtuviste el resultado deseado, no fracasaste en absoluto. En vez de darte por vencido, deberías preguntarte: ¿Por qué esta dieta específica no me funcionó? Incluso podrías recurrir a un experto, un nutricionista o un entrenador personal, para que te ayude. Lo que debes considerar en este escenario es que existen muchas razones por las cuales no se puede perder peso. No siempre es tan simple como comer menos calorías y hacer más ejercicio.

Imagina que el resultado que ansías es la cima de una montaña, y hay muchos caminos para llegar a ella. Algunos más cortos pero muy difíciles, mientras que otros pueden tomar más tiempo, pero proporcionan una escalada más suave. Si el que escojas es el equivocado, no significa que eres un fracaso o no debes hacer otro intento. Al contrario, este proceso te enseñará qué ruta puede ser mejor para ti. El miedo al fracaso detendrá a la mayoría, especialmente a

126

los controlados por su monstruo, pero *nunca detendrá a quienes les guía su gigante interno.*

SOLO FRACASAS CUANDO TE RINDES

Cuando no obtienes el resultado que deseas, tu monstruo quiere que sientas que ya has fracasado y debes rendirte. Él quiere demostrarte que no eres lo suficientemente competente o inteligente. Nunca le des el placer de verte derrotado.

Cuando inicias un negocio y no funciona como esperabas, o no genera los beneficios que pensabas y te ves obligado a declararte en bancarrota. Al igual que con la pérdida de peso, hay muchas razones por las cuales un negocio puede fallar, por eso debes analizar todo con detalle, para descubrir por qué no tuviste éxito. En lugar de culparte y sentirte como un fracaso, analiza por qué tu negocio no proporcionó el resultado que esperabas.

¿Sería que su ubicación no fuera adecuada para atraer nuevos clientes, o que sus precios no fueran lo suficientemente competitivos? Tal vez simplemente no había un mercado para los bienes o servicios que ofrecías. En lugar de tirar la toalla y volver a trabajar para otra persona, toma lo aprendido y realiza cambios en las operaciones, o prueba algo nuevo para tener más éxito en tu próximo esfuerzo comercial. Es importante que no culpes a otros. Si señalas con el dedo no aprenderás nada. Asume la responsabilidad personal y recuerda que considerarte a ti mismo como un fracasado no te ayudará a convertirte en alguien exitoso.

Tu gigante tiene una actitud muy diferente al fracaso. Un ejemplo perfecto de alguien que obviamente ha dejado que su gigante interior tenga el control es Sara Blakely. Ella fue la primera mujer que se volvió multimillonaria en Estados Unidos, ¡antes de cumplir los

30 años! En una entrevista reveló lo que piensa su gigante sobre el miedo al fracaso:

> *"Crecí en una casa donde mi padre nos animó a mi hermano y a mí a fracasar. Recuerdo específicamente que cuando llegaba a casa decía: 'Papá, papá, intenté esto o aquello y fue horrible', y él me chocaba la mano y decía: 'Así se hace'... En realidad, nos animaba a fracasar. En la mesa, nos preguntaba en qué habíamos fracasado esa semana. Si no teníamos algo, se sentía decepcionado. A temprana edad cambió mi mentalidad de que el fracaso no es el resultado, el fracaso es no intentarlo. No le tengas miedo al fracaso".*

Nunca he oído a alguien que haya triunfado en algo grande decir que ha logrado su éxito sin tener muchas derrotas. Esto forma parte de la vida, parte del precio que se paga en la mayoría de los casos. Cuando las cosas no salen según lo planeado e inviertes todo tu tiempo, energía y dinero en lo que no tiene éxito, duele mucho. También duele cuando piensas en quienes estuvieron involucrados, en aquellos que te apoyaron o trabajaron para ti, que tampoco pudieron disfrutar del éxito. Quiero enfatizar que no has de sentirte como un fracaso porque ese no era tu plan. Tu plan, si fue honesto y ético, debería haberte procurado el éxito. Piensa en lo que aprendiste e inténtalo otra vez. En Estados Unidos existen oportunidades aparentemente infinitas para comenzar desde cero. Es cierto que quizás en otras partes del mundo, sea un poco más difícil, pero siempre puedes tratar de nuevo y cuando triunfas, todos a tu alrededor se benefician.

Nunca planeamos fracasar, pero en ocasiones dejamos que el temor al fracaso nos impida intentarlo. Quienes son guiados por sus gigantes tal miedo no les detiene. Los ganadores en la vida saben que no hay escasez de oportunidades.

Si ahora empiezas a jugar béisbol y no has jugado antes, probablemente te darán strike-out muchas veces antes de dar un jonrón, pero no puedes rendirte. Si juegas fútbol y no puedes meter un gol y pierdes el juego, no debes rendirte.

El camino hacia el éxito es una serie de juegos, algunos se pierden y otros se ganan. *Aquellos que se van con el mejor récord, son quienes no le temen al fracaso, que siempre se esfuerzan por mejorar y se acercan a cada nuevo juego como si ya fueran los ganadores.*

DIFERENTES PERSONALIDADES

Cuando analizas a la humanidad rápidamente notas que todos somos muy diferentes. No solo nos vemos diferentes, sino que también tenemos personalidades distintas. Nuestras acciones y elecciones en diversas situaciones también pueden ser muy diferentes. ¿Te has preguntado por qué alguien actuó de una manera específica? Tal vez fue completamente contrario de cómo nosotros hubiéramos actuado. Tendemos a actuar de acuerdo con nuestra forma de pensar y con cómo vemos la vida. En mi experiencia, me he encontrado con tres grupos comunes dentro de los cuales se puede clasificar a las personas.

Los buscadores de comodidad componen el primer grupo. Alguien de este grupo puede tener un automóvil costoso, un Ferrari. Todos los días se sienta en su automóvil, estacionado en el garaje, abre el garaje, enciende el motor y presiona con fuerza el acelerador. Una y otra vez acelera el motor y el garaje se llena de humo y las paredes comienzan a vibrar, sacudiendo las herramientas que están colgadas a la pared. Después de unos minutos, apaga el automóvil y regresa a la casa, donde vuelve a sentarse en su silla cómoda favorita. Este primer sujeto nunca saca su automóvil del garaje, nunca.

Este primer grupo está tan controlado por sus miedos que nunca abandona su zona de confort. No corre riesgos ni prueba nada nuevo porque no quiere fracasar, esto le impide vivir la vida que realmente quiere vivir. Este tipo de persona es común en el mundo de hoy. Tienen un gran potencial, con oportunidades increíbles, pero generalmente también tienen mil excusas para justificarse y no usar su talento.

Si los invitas a asistir a un seminario donde pueden aprender algo nuevo, dirán que no es necesario, que ellos saben lo suficiente. Que tal comenzar un negocio, dicen que no tienen los fondos iniciales. Si les aconsejas buscar un trabajo mejor, dirán que no hay empleos disponibles o que hay muchos otros candidatos con los que tendrán que competir. Si les muestra cómo establecer una nueva empresa utilizando un modelo de negocio que ya ha sido probado, dirán que es demasiado tarde. Si les comentas que hagan algo para ayudar a otras personas, dirán que no tienen tiempo. Por lo general, se dejan llevar por las emociones del momento y cometen el mismo error una y otra vez, lo que les impide avanzar de cualquier manera. Pierden su tiempo con malos hábitos, como mirar mucha televisión, jugar videojuegos o pasar el rato en las redes sociales, todo desde la comodidad, en su espacio conocido. Son improductivos y siempre encuentran lo negativo en todo. Son una demostración exacta de cuándo una persona es dominada por el monstruo interior. No tienen control de sí mismos, por lo que viven de forma mediocre o incluso miserable, sin arriesgar lo suficiente como para abandonar su zona de confort personal.

El segundo grupo son los de la línea rápida. Estas personas conducen un Lamborghini. A diferencia del primer grupo, sacan su automóvil del garaje, pisan el acelerador hasta el fondo y nunca lo aflojan. Viven en el carril rápido y hacen lo necesario para obtener lo que quieren. Si te ven en su camino, te pasan por encima. Si les preguntas si han dedicado tiempo a su pareja, hijos, amigos y otros familiares; si se han tomado un minuto para comer sano y ejercitarse; si disfrutan de los paisajes que le muestra el viaje de la vida; la respuesta será siempre negativa. "¿Quién tiene tiempo para eso en el carril rápido?" Ellos se olvidan de explorar y disfrutar cada aspecto de su recorrido.

Se enfocan en alcanzar lo que aún no tienen, pensando que cuando lo logren encontrarán la felicidad. Para ellos, su calidad de vida, su familia o amigos, no son muy importantes. Adoran el dinero como a un dios, pero no poseen paz interior o satisfacción porque asumen que la felicidad está en las posesiones materiales solamente.

A menudo están rodeados de lujo y riqueza. Viven en mansiones, pero la mansión solo la disfrutan sus perritos. Creen que mientras permanezcan en el carril rápido, vivirán para siempre, aunque llegan a la vejez, no dejan de trabajar, siempre queriendo más y más. Nunca donan o dan nada a otros. Sus planes para tener más no cambian, porque solo en esas conquistas encuentran una satisfacción momentánea, que rápidamente desaparece y les señala la próxima cima, en la siguiente esquina, sin tiempo para disfrutar el presente.

Para poder construir la riqueza, en la mayoría de los casos, se requieren grandes sacrificios durante algunos años, el asunto es que, en este grupo, esto se convierte en su forma de vida. Sacrifican el regalo del presente y se apresuran a menudo dañando su propia salud y tranquilidad. No desarrollan ni usan su propia sabiduría. No perciben que, para cambiar esta forma de ser, necesitan salir de esa rutina por un tiempo, reprogramar su mente y disfrutar de lo que han logrado. Este grupo nunca encuentra el equilibrio y, por esta razón, escuchamos las historias de personas que, a pesar de poseer todo en sentido material, incluso fama, se quitan la vida o sufren de depresión, o adicción.

Se esfuerzan para formar parte de ese pequeño porcentaje de la humanidad que es rico en extremo, como si fuera lo más importante. No notan que la vida es simple, que estamos en este planeta solo por un corto tiempo, y que lo más importante no radica en lo material, sino que se encuentra dentro de uno mismo, y en la familia y las buenas amistades que nos rodean. Ellos pierden el equilibrio hasta el punto de no amarse a ellos mismos y les es muy difícil sentir la verdadera paz en sus almas.

Llamo al tercer grupo los Gigantes, y apuesto a que puedes adivinar por qué. Una persona de este grupo conduce un Bentley y no teme sacarlo de su garaje. Pisa el acelerador para alcanzar algo de velocidad, porque no le asusta superar sus miedos, pero obedece el límite de velocidad y aminoran su paso o ceden la vía a los demás, como un buen conductor.

Estas personas cuidan sus cuerpos todos los días al comer de manera saludable y haciendo ejercicios. Disminuyen la velocidad y estacionan sus cuerpos y mentes a menudo, para pasar tiempo con sus familias y amigos, asegurándose todos los días de disfrutar el viaje de la vida, porque saben que solo vivirán una vez.

Este grupo se deja guiar por su gigante interior. Se centran en lo que realmente importa. Tienen un propósito significativo, y son muy disciplinados. Se esfuerzan por tener tiempo y dinero para hacer cosas de valor para la humanidad. Se enfocan en lo positivo. Estas personas siempre están pensando en mejorar sus vidas y las de los demás. Están muy conectados con quienes son por dentro.

Ellos saben lo que es dar sin esperar nada a cambio. Actúan con sabiduría. Toman tiempo para meditar y aprenden algo nuevo y útil todos los días. Sus planes son concretos y sólidos, con objetivos importantes en mente. Estas son las personas que queremos tener a nuestro alrededor, no solo porque siempre muestran una actitud positiva, sino porque puedes confiar en ellos.

Se esfuerzan por no ser pobres y ansían eliminar la pobreza del mundo. Quieren que la raza humana mejore en todos los aspectos para que el planeta sea un lugar mejor. Viven pensando en la regla de oro: *"Haz a los demás como te gustaría que te hicieran a ti"*.

Este grupo está cambiando y mejorando el mundo cada día. Hoy podemos ver muchas cosas terribles, sin embargo, la pobreza global ha disminuido considerablemente, a pesar de que la población humana ha aumentado de forma significativa. En Estados Unidos la calidad de vida considerada por muchos como "pobre" ha mejorado porque más personas viven en hogares con aire acondicionado, tienen agua potable y suficientes alimentos. Quizás no posean un auto nuevo, pero el que tienen es confiable. Sí, la situación ha mejorado, pero todavía nos queda mucho por hacer, especialmente para eliminar la pobreza extrema en otras partes del mundo. Para eso necesitamos gente del tercer grupo, con la mentalidad correcta.

Antes cité a Sara Blakely, quien aconseja no temer al fracaso. Hace unos años vi una noticia que decía: "Sara Blakely, fundadora de la marca Spanx, se ha convertido en la primera mujer multimillonaria en unirse al *Giving Pledge* (Personas ricas se comprometen a donar la mayoría de sus riquezas)". Bill Gates y Warren Buffett también lo hicieron y animan a otros millonarios también a dar al menos la mitad de su riqueza a la caridad.

Si pudieras hacer una gran contribución para ayudar a miles, ¿lo harías? Si muchos optan por hacer esto, el mundo mejoraría significativamente. Pero si no puedes hacer esto ahora, haz lo que puedas donde te encuentres. Lo que hagamos por otros suele regresar a nosotros como grandes bendiciones.

¿DAS EL 100% EN TODO?

Cuando tomo la decisión de hacer algo, me gusta dar el 100%. Esto es importante que lo comprendas. La mayoría no entiende lo que esto significa. Si quieres éxito en tu matrimonio, ambos deben dar el 100%. No puedes dar a tus hijos solo un poco de ti, no, ellos necesitan una entrega completa.

En tu empleo, si quienes trabajan contigo, o para ti, notan que no entregas el 100%, perderás su respeto y probablemente se busquen otros empleos. No digo que te conviertas en un adicto al trabajo, siempre estresado. Por el contrario, trata de mantener un equilibrio.

Concéntrate en una cosa a la vez y dale tu atención por entero. Planifica tu tiempo y ten siempre un plan.

Para algunos resulta difícil entender lo importante de entregar el 100% en todo lo que hacemos. La primera vez que escuché la frase **"como haces una cosa, así haces todas las cosas"**, me impactó mucho. Comencé a analizar a quienes conocía y noté que el que tenía el carro siempre sucio, su casa era un desastre, así como su economía, su vida familiar y su cuerpo. En otros casos, percibí que quienes eran organizados hasta en lo más simple, así lo eran en todos los aspectos. Cada cosa que hacían la abordaban con gran intensidad. Por eso debemos comenzar por analizarnos a nosotros mismos.

Pregúntate ¿cuidas tu cuerpo al 100%? El espejo no miente, puedes decir sí o no, y si tienes dudas, pregúntale a tu gigante. Si su respuesta es no, debe comenzar hoy mismo por ahí. Si la respuesta es sí, te felicito. Si no te estás cuidando, te garantizo que hay muchas áreas en tu vida que tampoco le das el 100%.

Hace algún tiempo, una mujer muy exitosa, Alice Rothbauer, ofrecía un discurso en nuestro club Toastmasters y dijo algo que no he olvidado: *"Si solo te comprometes con algo al 80%, está garantizado que te darás por vencido el 100% de las veces cuando se presenten las dificultades"*.

Algunas personas hoy están en malas condiciones físicas. ¿Por qué? No están comprometidos a cuidarse al 100%. Otro problema usual es que los matrimonios fallan y el divorcio se ha vuelto más común que raro. La razón principal es que uno o ambos no están comprometidos al 100% para vivir una vida juntos y felices. Se comprometen al principio, pero con el tiempo el porcentaje empieza a disminuir.

Si queremos lograr el éxito en cualquier área de nuestra vida y ayudar a los demás, debemos hacernos el hábito de entregar el 100% siempre en todo. Al monstruo interior le es fácil convencerte de que solo des el 50% o de que te rindas cuando choques con la primera pared o encuentres el primer obstáculo.

Los ganadores se comprometen al 100% y dan todo de sí. Para darlo todo debes tener una visión clara y un plan, o será muy fácil renunciar. Es demasiado difícil alcanzar lo que deseas por accidente. Por eso trabaja duro y da el 100% en todo lo que hagas y así podrás alcanzar tus metas.

La mayoría no hace lo que quieren hacer porque les preocupa las opiniones de las otras personas. Haz lo que te otorgue satisfacción y da el 100% de ti sin hacer daño a otros. *Pero lo que otros piensen de ti no es asunto tuyo.*

A veces no es fácil comprometerse al 100% porque no hay vuelta atrás. Si tienes obstáculos, debes superarlos. Asegúrate de que tu gigante está comprometido al 100% en todo y te convertirás en un gran líder.

***

ACCIONES A TOMAR AHORA

Pregúntate ¿qué debo hacer ahora mismo para salir de mi zona de confort? Si lo que deseas tiene el potencial de ayudarte a ti y a los demás, sin hacer daño de ninguna manera, entonces, aunque sientas miedo, hazlo. Escribe cuál es la próxima acción que tomarás. La vida es demasiado corta, y la mayoría espera mucho tiempo para comenzar a vivirla. ¡No seas uno de ellos!

NOTAS

_____

_____

_____

_____

_____

_____

_____

_____

_____

_____

_____

_____

_____

CAPÍTULO 9
¿ERES UN LÍDER O SEGUIDOR?

*"Si tus acciones inspiran a otros a soñar más, aprender más,
hacer más y convertirse en más, eres un líder"*
John Quincy Adams

¿CÓMO SABES SI ERES UN BUEN LÍDER?

Todos y cada uno de nosotros tiene el potencial de ser un excelente líder. Quizás la diferencia entre John Quincy Adams y tú sea simple. Él *tuvo el valor de permitir que su gigante diera un paso adelante para perseguir su misión y se esforzó al 100%.* ¿Ya tomaste la decisión de hacer lo mismo? El liderazgo resulta muy importante para el ser humano. En mi opinión, todos llevamos un líder dentro, nos guste o no. Porque nuestro gigante interno ama ser un líder, tenemos el potencial de "inspirar a otros" y convertirnos en más, como dijo Quincy Adams.

Algunos pueden ser pésimos líderes porque los guía su monstruo interior. Resulta interesante que generalmente nos gusta seguir a otros seres humanos en sus ideologías, creencias y acciones. Millones de personas se han convertido en seguidores de alguien en particular, una y otra vez a lo largo de la historia. Al hacer esto, se olvidan de que ellos mismos son líderes.

¿Cómo sabes si una persona es un buen líder? Podemos decir que alguien es un buen líder si da un óptimo ejemplo a los demás, si tiene seguidores, o si guía muy bien a su familia, o a una empresa o su país o comunidad. *Pero el liderazgo va mucho pero mucho más allá. ¿Por qué?* **Bueno te diré que no podrás ser un excelente líder para otros si antes no lo eres para ti.** *Aquí es donde comienza el liderazgo.*

Lamentablemente, muchos no pueden guiarse a sí mismos. Aunque sean inteligentes, populares y tengan las mejores intenciones, no actúan de forma apropiada, se vuelven como un cometa sin cola y no pueden volar.

Por otro lado, cuando encuentras a un gran líder lo notas de inmediato. Ellos conocen en qué dirección ir, toman las medidas necesarias y se obligan a mantener el rumbo. He conocido a muchos con esta cualidad de auto dirigirse, pero a menudo ni siquiera son conscientes de esto.

Esto lo sé por experiencia, pues hace años comencé a estudiar sobre el liderazgo, buscaba respuestas a preguntas como ¿Cuáles son las cualidades de un buen líder? ¿Por qué la gente sigue a otros? ¿Qué rasgos de carácter tienen en común nuestros grandes líderes? ¿Los líderes nacen con algunos dones que otros no poseen? ¿Cuáles son las leyes del liderazgo? *Durante mis lecturas comprendí que yo era un buen líder porque podía dirigirme a mí mismo eficazmente. En otras palabras, yo puedo obligarme a hacer lo que tengo que hacer. ¿Puedes decir lo mismo de ti?*

Aprender sobre el liderazgo me ayudó a conocerme más. Dejé de sentir miedo de correr riesgos, me fue más fácil motivar a otros a hacer lo que debían. Pude dar un buen ejemplo para mi familia y para los demás. Sin embargo, yo no estaba donde quería estar económicamente y sentía que no estaba progresando con suficiente rapidez hacia la libertad financiera, a pesar de que había sido buen líder en muchas áreas de mi vida. Entonces me pregunté: ¿Qué tipo de líder debo ser para mejorar financieramente?

Entonces decidí planificar y administrar mejor mi dinero, me puse metas específicas y me organicé en todos los aspectos. Decidí ser un alumno continuo y centrarme en comprender cómo conducirme por el camino de la prosperidad. Implementé mis cualidades de líder con esto en mente y comencé a hacer un progreso real.

ANALIZA QUÉ TAN EFECTIVO ES TU LIDERAZGO

Piensa en los distintos aspectos de tu vida, en tu casa, la familia, la iglesia, tu comunidad, en tus empleos, y en todos reflexiona sobre un momento en el que hayas sido un excelente líder, tanto para ti como para otros. En ese instante te guiaba tu gigante interior. Entonces, ¿qué cualidades de líder tienes? ¿En qué debes trabajar para mejorar tus habilidades? En mis estudios sobre liderazgo encontré muchos ejemplos sobre gente con recorridos sobresalientes. Mujeres y hombres no solo han de guiarse a sí mismos y a sus familias, sino que han de explotar sus cualidades de liderazgo y triunfar, sin importar su género. Deben impulsarse a hacer lo necesario para triunfar, con persistencia y compromiso.

Otras personas cuando hablan de liderazgo enfatizan la importancia de poder influenciar a otros de una forma efectiva, y también hablan de todas las cualidades que se debe poseer. Yo estoy de acuerdo con esto. *Pero a mí me gusta enfatizar la importancia de ser líder de uno mismo primero, esto es imprescindible. No se puede omitir ni evitar, y debemos desarrollar esta cualidad para tener* éxito.

MEDIANTE EL AUTODOMINIO PODEMOS CAMBIAR

Todos conocemos personas que dicen querer modificar algo de sí mismos, pero fracasan como líderes en sus vidas. Durante los últimos años tres personas que conozco decidieron dejar de fumar y lo lograron. Mas admito que no me sorprendió que dos de ellos hayan aumentado mucho de peso, y el otro luce ebrio la mayor parte del tiempo. Justamente no me sorprende porque ellos no son buenos líderes, no poseen autodominio.

Sin autocontrol cambiarás un mal hábito por otro malo. Cuando alguien decide dejar de fumar para mejorar la salud debe enfocarse en reemplazar ese mal hábito por un estilo de vida saludable. De lo contrario, dejar de fumar habrá sido una victoria hueca.

Escuché hace tiempo a Jim Rohn decir: *"Si uno es duro con uno mismo la vida será fácil, pero que si uno es suave con uno mismo la vida va a ser dura"*. No siempre va a ser fácil obligarnos a hacer lo que tenemos que hacer. Es mucho más fácil descansar todo el tiempo, hacer cuentos por horas, comer o beber sin control, no hacer ejercicios ni estudiar diariamente.

Pero cuando nos convertimos en excelentes líderes de nosotros mismos nos será muy difícil no hacer lo que sabemos que debemos hacer. Porque en el momento que actuamos incorrectamente sentiremos pesar.

142

¿ERES ORDINARIO O EXTRAORDINARIO?

Cuando ves a personas exitosas, ¿qué te pasa por la mente? ¿Crees que tuvieron éxito porque poseen un talento especial? ¿Porque están dotados? ¿O porque tuvieron suerte? En algunos casos esto es cierto, pero no en la mayoría de los casos, pues existe gente con talentos impresionantes sin éxito.

Lisa Nichols, una famosa oradora motivacional que ha inspirado a millones con sus seminarios y su papel como maestra destacada en la película *"The Secret (El Secreto)"*, dijo: *"Muchos me dicen que tengo éxito porque yo soy una persona extraordinaria, pero que ellos no pueden porque no lo son. Usan esto como una excusa"*.

Si tú crees que otros logran el éxito económico porque poseen un talento especial o porque tienen mucha suerte, o porque están en un país desarrollado. Te diré que estas cosas pueden ayudar, pero conozco mucha gente con talento y suerte en países desarrollados que no han podido crear una vida de éxito y que no se han convertido en personas extraordinarias. Esto prueba de que el talento y la suerte y el país no son la clave. Piensa incluso en muchos que se han ganado la lotería y en poco tiempo termina en la ruina. No permitas que el monstruo que tienes dentro crea este tipo de excusas tontas.

Si Lisa Nichols pudo convertirse en una persona extraordinaria, usted y yo también podemos sin importar las circunstancias. Solo hay estar dispuestos a pagar el mismo precio que ella pagó para lograr lo que quería.

Todos somos únicos y especiales. *Llegaremos a ser personas extraordinarias si tomamos la decisión y estamos dispuesto a hacer cuanto sea necesario para alcanzar lo que ansiamos.* Se trata de ser constante. Cada uno de nosotros debe decidir qué tipo de personas queremos llegar a ser y esta decisión no podemos tomarla a la ligera. Por eso quiero que hagamos un ejercicio muy importante, que puede definir tu recorrido hacia el éxito. Necesitas algo con lo que escribir. Y te recomiendo que no dejes de hacerlo, pues podrás aprender mucho de ti.

Hace algún tiempo me invitaron a hablar sobre mi historia. Sabía cómo iba a narrar mi recorrido, pero quería enseñarles algo que pudiera impactar positivamente y no sabía qué hacer. Tres días antes de mi charla programada me levanté temprano, alrededor de las cuatro de la mañana. A primera hora de la mañana suelo sentarme en silencio y pensar durante unos 15 minutos. Tenía en mente esta próxima charla, por lo que comencé a buscar dentro de mí algo para compartir. Sentí que mi gigante interno me guiaba por cierto camino. Entonces se me ocurrió hacer este ejercicio:

Te daré una frase corta para reflexionar. Cuando te pida que detengas la lectura, deja de leer durante 30 segundos y medita sobre las 5 palabras que ofreceré en mayúsculas. Por favor, escribe lo primero que pase por tu mente. Sin editarlo, sé honesto contigo mismo. Continúa el ejercicio y luego te explicaré. ¿Estás listo? "TÚ Y YO SOMOS DIOS".

Deja de leer y reflexiona durante 30 segundos. Cuando termines, escribe lo que estás pensando, lo que sientes, sea lo que sea. Después de haber hecho este ejercicio continúa leyendo.

¿Puede esto ser cierto, que tú y yo somos Dios? Cuando ves a una persona que muestra amor por otra, sin esperar nada a cambio, ¿crees que estás viendo a Dios? Dios es amor. Si crees que eres Dios, entonces te esforzarás por convertirte en un ser muy amoroso.

El orgullo desaparecerá de ti y no tendrás odio ni miedo, porque te sentirás poderoso. No puedes dudar de que eres el mejor líder posible. Dejarás de poner límites y sentirte débil. Cuando trates con otros serás diferente porque, a partir de ese momento, tratarás a los demás como si ellos también fueran Dios, porque lo son.

Si tuvieras que tratar con Dios todos los días, ¿cómo lo harías? ¿Cómo actuarías delante de él? Si hoy nuestra naturaleza es comportarnos de forma excelente frente a alguien a quien admiramos, tal vez frente a nuestros padres o nuestro jefe o cliente importante, o frente a un líder religioso o al presidente de nuestro país, ¡imagína cómo te comportarías delante de Dios!

Entonces, ¿cómo actuarías ahora mismo si crees que eres Dios y que los otros seres humanos también lo son? Tal vez Dios está dentro de ti, esperando que entiendas quién eres y ansiando que tomes la decisión de mejorar este mundo. Esta es la creencia de muchos, pero no de la mayoría.

Algunos lo explican de una manera diferente y enseñan que no somos Dios, sino que somos su creación y que podemos demostrar sus cualidades porque de él recibimos el poder que necesitamos. Si esta es tu creencia, perfecto. Mientras demuestres las cualidades del creador a los demás, estarás realizando su obra, pero si no lo haces, esta creencia no te será útil.

La idea de que Dios algún día arreglará los problemas de nuestro planeta, o de que otra persona los solucionará, no será de gran ayuda. *Cuando alguien decide ser un buen líder, siempre está pensando en convertirse en mejor ser humano y en cómo ayudar a otros a mejorar este planeta.* Por eso cada uno de nosotros debe hacer algo si anhelamos un porvenir de dicha.

Todo gran líder sueña con lograr un impacto positivo, algunos solo tienen en mente a su familia y a su comunidad, mientras que otros quieren influenciar a millones y causar un cambio global. En realidad, el más pequeño acto valiente como líder puede beneficiar a otros en tu país o en el mundo.

LO QUE LOS GRANDES LÍDERES NUNCA HACEN

Cuando tenía dieciocho años comencé en el negocio de camiones de volteo. Usualmente los camioneros tienen mucho tiempo para hablar mientras manejan. Desafortunadamente, hay una epidemia contagiosa en este negocio: la charla consiste en un 95% de quejas. La mayoría de los camioneros pasan su tiempo concentrados en todo lo negativo que sucede. La queja más común es que no tienen dinero. No se les paga lo suficiente, en particular por lo costoso que es obtener piezas si el camión se rompe. Las gomas y los frenos se desgastan demasiado rápido, y el seguro se encarece cada vez más y no pueden pagarlo. Luego dicen que por culpa del gobierno el petróleo vale más que el oro. Cuando terminan de quejarse sobre el negocio de los camiones, comienzan a hablar mal de sus esposas, porque les están dando mucha comida rica y engordan, por eso tienen la presión arterial alta. Cuando terminan de hablar mal de ellas, hablan mal de la esposa de otro camionero que está flaco, dicen que ella no le cocina y si lo hace la comida no está rica. Y una vez ese tema les aburre, se quejan del clima: si llueve, es malo porque no hay trabajo, y si no llueve qué malo porque hay demasiado polvo.

En cualquier parte del mundo te encuentras a personas que se quejan por lo que sea. Algunos de que hace demasiado calor, otros de que hace mucho frío. Las quejas dan vueltas y vueltas, en búsqueda de un culpable. ¿Crees que con este hábito se puede llegar a ser un valioso líder?

146

Piensa en líderes que admires con quienes hayas pasado algún tiempo, ¿pierden el tiempo quejándose de asuntos que están fuera de su control, o se enfocan en la resolución de problemas y en acciones constructivas? ¿Se hacen responsables o buscan culpables? Quejarse, culpar a otros o avergonzarse constantemente no son hábitos de un gran líder.

Quiero que te preguntes: ¿Deseo ser mediocre o alguien que alcanza la grandeza en las distintas esferas de la vida? Existen algunos beneficios al escoger ser mediocre. No tendrás que hacer mucho y si cometes un error podrás encontrar a alguien a quien culpar. Elegir ser mediocre es una cuestión de tener malos hábitos y desarrollar un fuerte sentido de apatía. No tendrás que correr riesgos extremos ni pagar grandes cantidades de impuestos porque tus ingresos siempre serán mediocres.

Desde muy temprana edad me convencí de que no quería una vida mediocre. Entonces, para mí explorar diferentes oportunidades y aprender cosas nuevas resulta muy importante. No sabía cuál de las oportunidades me daría buenos resultados, pero sabía que tenía que luchar hasta alcanzar lo que soñaba. *Nací pobre pero no moriré en la pobreza.*

Para llegar a ser extraordinario y no mediocre, *primero debes querer serlo, has de tener un deseo ardiente.* ¿Sabes lo que en realidad deseas en lo más profundo de tu ser? Quizás en el pasado lo sabías, pero ya no. Tener tus deseos bien claros es un buen comienzo. La mayoría no alcanza su máximo potencial y llega a la vejez llenos de remordimientos, para ese momento ya es demasiado tarde. *No te sientes a esperar para lograr las cosas que quieres. Haz hoy y todos los días algo que te acerque a tus metas, especialmente si es algo que te hace salir de tu zona de confort.*

Si careces de este deseo ardiente, trata de unirte a personas con ese fuego, que no se rinden sin importar lo que pase. Gente que tengan su misión y sus propósitos claros, que están llenos de pasión, y son conscientes de que todo es un proceso y que al final el éxito llegará. Al lado de ellos podrás convertirte en un excelente líder con el poder de dejar tu marca en el mundo.

Ya aprendiste que tienes acceso a un poderoso gigante sin límites. Sabes que eres único, que debes creer en ti mismo, que estás en este planeta para dejarlo mejor de lo que lo has encontrado, y has de explorar cada aspecto de esta vida. Pero, ¿sabes por qué? Eres parte de lo que ha llegado a existir en este universo, de la energía que nos rodea. Por eso no puedes sentirte como alguien insignificante, o de poco valor. Eres una creación preciosa. Eres parte de Dios.

¿ESTÁS GANANDO EL GRAN JUEGO?

Todo lo que has leído aquí, hasta ahora, demuestra que tu monstruo interior es un perdedor y tu gigante un ganador. El monstruo puede creerse campeón, especialmente cuando triunfa una y otra vez. Él se siente victorioso al evitar responsabilidades, al no aprovechar las buenas oportunidades, al no dejar que descubras tu potencial para que tengas gran éxito. Solo cuando tu gigante tenga el control ganarás en grande en el juego de la vida y disfrutarás de la libertad que todo ser humano merece.

Hay una gran diferencia entre el ganador y el perdedor. *Cuando una persona está completamente resuelta a vencer, esto aporta una energía especial al juego.* Cuando trabajas para fortalecer a tu gigante, debes tener en cuenta que a menos que estés decidido a ganar, nunca serás un triunfador. Y el gigante que llevas dentro es un triunfador. ¿Qué competencia enfrentarás? La primera es personal: tienes que conquistarte a ti mismo. Esto es simple y a la vez complicado. Simple porque controlar tus propios pensamientos y emociones debería ser algo que todos puedan hacer. Ahora, tómate un minuto y piensa en quienes conoces y notarás algo que puede sorprenderte.

¿Por qué algunos tienen sobrepeso y no hacen ejercicio?

¿Por qué la gente fuma o usa drogas o alcohol?

¿Por qué muchos pasan tanto tiempo frente a la televisión y las redes sociales?

¿Por qué otros se divorcian o no tienen buenas relaciones familiares?

¿Por qué tienen tantos problemas económicos?

La lista podría seguir. La razón principal es que no han sido capaces de conquistarse a sí mismos. Todos quieren ser ganadores, pero pocos tienen disciplina personal o autocontrol. Quieren todo rápido, sin pensar en las consecuencias. Lisa Nichols dijo: *"La gente quiere la conveniencia de la transformación sin inconvenientes"*.

Para poder ganar en grande en las competencias de la vida, primero has de ser capaz de controlarte por completo. *En ocasiones debemos obligarnos a hacer lo que no queremos, hasta que esto se convierta en tu hábito.* Tu gigante es un ganador y entiende la autodisciplina, y él sabe que, si adquieres los hábitos correctos, puedes mantener el impulso. Quizás sea difícil al principio, pero cuando realizas constantemente estos buenos hábitos, se convierten en tu vida. Y en poco tiempo descubrirás que la persona que más admiras es a ti mismo.

Así es como un extraordinario miembro de la marina estadounidense (Navy SEAL) describe este hábito esencial de autocontrol en su libro sobre liderazgo:

"La prueba no es muy complicada: cuando suena la alarma, ¿te levantas de la cama o te acuestas cómodo y te vuelves a dormir? Si tienes la disciplina para levantarte de la cama, ganas, pasas la prueba. Si estás mentalmente débil en ese momento y dejas que esa debilidad te mantenga en la cama, fracasas. Aunque parezca esto algo pequeño, esa debilidad se transfiere en las decisiones más significativas. Pero si ejerces disciplina, eso se transfiere en los elementos más importantes de tu vida". (Jocko Willink, Propiedad extrema: Cómo los Navy SEAL de EE. UU. Lideran y ganan)

Si creas el hábito de siempre ganar en las cosas pequeñas, vencer en el gran juego de la vida te resultará mucho más fácil. *Pero es muy difícil ser un gran ganador si antes no acumulas victorias internas sobre ti mismo.* Podemos desear que sea fácil, que siempre seamos capaces de escoger lo mejor para nosotros. Pero este casi nunca es el caso.

En realidad, no podemos evitar que nuestro monstruo presente sus malas ideas, están diseñadas para mantenernos cómodamente mediocres. Sin embargo, podemos fortalecer a nuestro gigante para que aleje estos pensamientos y no permita al monstruo dominar nuestras acciones. Es nuestra decisión.

Todo se vuelve más simple una vez que eliges entregar el control a tu gigante. Cuando este asume la dirección, elimina las malas ideas que el monstruo genera constantemente: cuando a tu monstruo se le ocurre la idea de comerse dos o tres postres, tu gigante no lo permitirá. El día que no quieras ir al gimnasio, caminar o correr por tu vecindario, el gigante te obligará a vestirte y ponerte los zapatos. Cuando tengas la tentación de sacar tu tarjeta de crédito y gastar dinero en algo que no necesitas, tu gigante te quitará las manos de la billetera.

Siempre habrá una lucha interna dentro de nosotros. Las personas altamente exitosas tambien la tienen, solo que ellos dejan que su gigante lleve el control. Todos tenemos que luchar y ganar las pequeñas y grandes batallas internas, todo el día, todos los días.

Una de las principales razones que frena el desarrollo personal de muchos es el apego a quienes son en el presente y la comodidad que eso implica. El ganador está dispuesto a dejar de lado los pensamientos negativos, las creencias que lo debilitan y los malos hábitos, e implementar otros mejores. Cada persona que se ha convertido en un ganador tiene una historia increíble. Para ser un vencedor, tienes que superar dificultades y desafíos. Eso te hará más fuerte.

Un ganador conoce la verdad de estas palabras: *"El hombre no puede descubrir nuevos océanos a menos que tenga el coraje de perder de vista la costa".* Esta cita, del premio Nobel André Gide, a menudo es repetida por aquellos que buscan fortaleza y estímulo para abandonar su zona de confort.

Un ganador sabe que nunca faltan oportunidades. Un ganador sabe que la mente controla el cuerpo y le da el control a su gigante. Un ganador sabe que es su responsabilidad mantener su salud física, mental y espiritual lo más fuerte posible.

Él sabe que es único y tiene cualidades especiales que puede desarrollar y aprovechar para su propio éxito y para ayudar a otros. Un ganador tiene una visión y un plan, y está consciente que aquellos que carecen de esta guía nunca triunfarán. Un ganador está convencido que no se alcanza el éxito por accidente o pura suerte, sino que demuestra persistencia y pasión.

Si quieres el éxito, busca a alguien que haya logrado los resultados que deseas. Pregúntate ¿Quiénes han sido? ¿Qué acciones tomaron que los llevó a dónde están? ¿Qué herramientas y conocimientos poseen? Haz una lista de tres columnas: Ser / Hacer / Tener. Investiga y descubre cómo completar estas columnas sobre esa persona que admiras. Aplícalo a ti mismo y obtendrás un resultado similar.

¿ERES DECIDIDO Y PERSISTENTE?

Cuando sientes frustración por un contratiempo y decides dejar a un lado tus metas, ¿quién crees que tiene el control, tu gigante o tu monstruo? Tu monstruo interior se da por vencido rápidamente, mientras que tu gigante vive con esta actitud: *"Si me caigo dos veces, me levantaré tres"*. Cualquier contratiempo se enfrenta con la determinación de salir victorioso y triunfar.

La determinación es algo que muchos no han podido desarrollar. En muchos sentidos, nacemos con una buena cantidad de determinación, pero a medida que envejecemos y experimentamos los golpes de la vida, se va desgastando esa fortaleza. El nivel de energía constante de un niño pequeño es deseable, al igual que la persistencia que demuestran mientras aprenden a hacer todo por primera vez. Cuando deciden que quieren caminar, se caen dos veces y se levantan tres.

Perseveran hasta que logran su objetivo: caminar, correr, y hasta perseguir al perro de la familia. Resulta esencial que desarrollemos este nivel de determinación para convertirnos en grandes líderes. El primer paso para lograrlo es trabajar en uno mismo. Si el gigante está preparado, nada puede impedirnos obtener lo que queremos.

Abraham Lincoln fue un hombre persistente: a los 21 años fracasó en los negocios; a los 22 fracasó en la carrera legislativa; a los 24 volvió a fracasar en los negocios; a los 26 años tuvo que superar la muerte de su novia; a los 27 tuvo una crisis nerviosa; perdió las elecciones para el Congreso a los 34, al igual que las elecciones al Senado a los 45; dos años después, falló en su intento de convertirse en vicepresidente. A los 49 años, perdió las elecciones al Senado y, finalmente, a los 52, se convirtió en presidente de los Estados Unidos. ¿Quién está dispuesto a imitarlo? Para alcanzar un nivel de éxito, fama y admiración similar al que Lincoln logró, debemos estar dispuestos a ser persistentes. Esa es una de las claves.

La vida es un proceso en el que a veces no sabes cómo lograr lo que quieres. Este mundo está lleno de oportunidades, pero si no estamos preparados para verlas, se escaparán. Sugerencia: ¡Nuestro gigante es brillante en reconocer oportunidades! Así que déjalo tomar el volante.

***

ACCIONES A TOMAR AHORA

Revisa lo que escribiste durante el ejercicio "Tú y yo somos Dios" y para el ejercicio de analizar a una persona que admiras. ¿Cuál es el próximo paso que debes dar para avanzar hacia logros similares?

Uno de los libros que debes leer es "*Las 21 leyes irrefutables del liderazgo*", de John C. Maxwell.

NOTAS

_____

_____

_____

_____

_____

_____

_____

_____

_____

_____

_____

_____

_____

CAPÍTULO 10
¿CUÁLES SON TUS CREENCIAS SOBRE EL DINERO?

"El dinero fue, es y será el mejor invento de la humanidad".
Josué López

¿EL DINERO ES BUENO O MALO?

Recientemente le pregunté a un amigo de mi hijo, que tiene 11 años, si esperaba tener mucho dinero cuando creciera. Su respuesta me sorprendió profundamente: "No quiero ser rico. Quiero servir a Dios".

¿Son estos caminos excluyentes, donde haces una cosa o la otra? ¿Cómo crecerá este joven con esta mentalidad, tomando decisiones sobre el dinero bajo esta filosofía? Tal vez nunca experimente la libertad financiera.

Es posible servir a Dios y tener mucho dinero. No hay nada malo, impuro o imposible al respecto. Como Dios nos ama y quiere lo mejor para nosotros, creo que Dios quiere que todos seamos muy ricos en sentido espiritual y material. La Biblia no dice que el dinero es la raíz de todo mal. Dice que el amor al dinero está mal. Esto está relacionado con la avaricia y la codicia, más que con el dinero en sí mismo.

Guy Shashaty, el Director de Ventas de Primerica que mencioné antes, nunca supo cuánto cambiaron mi vida sus palabras: *"El dinero te hace más de lo que ya eres"*. Lo he compartido con tanta gente como he podido. Puedes desarrollar la mentalidad correcta sobre el dinero. Buscar dinero o tener capital no es ni bueno ni malo. Al igual que cualquier herramienta, el dinero puede usarse con fines constructivos o destructivos.

Una vez, Shashaty me invitó a su casa, una impresionante mansión donde conocí a su maravillosa familia. Sabía que podía aprender mucho de este hombre porque todo lo que decía tenía lógica para mí. Sin embargo, yo tenía una terrible batalla interna. En aquel entonces, quería conquistar el mundo, pero mi monstruo aún tenía el control sobre mí. Por miedo, rechacé la oferta de Shashaty a enseñarme habilidades de venta y negocio que me eran necesarias. Salí con la excusa de que no creía que fuera para mí, y decidí quedarme en el negocio de los camiones. Este fue uno de los mayores errores que he cometido.

EL DINERO NO ES IMPORTANTE... ¿O SÍ?

Si no ves el dinero como algo importante, nunca tendrás mucho. En la actualidad, es casi imposible vivir sin dinero. Hay cuatro elementos esenciales para la vida, y es posible que no estén en el orden que imaginas: el primero es respirar oxígeno, porque sin él, moriríamos en cuestión de minutos; el segundo es dinero, porque con él podemos comprar todo lo que necesitamos. Lo tercero es el agua, ya que sin ella no viviremos mucho; y el cuarto y último elemento sería comida. El dinero ocupa el segundo lugar en esta lista de necesidades y, sin embargo, algunos dicen que no es importante. Estos pensamientos son controlados por tu monstruo, que se guía por ideologías erróneas, ideas irracionales y limitantes.

Imagina que quieres una manzana, así que vas a un mercado. El dinero no existe, por tanto, debes preguntarle al vendedor qué quiere por sus manzanas. Él dice que a cambio de una bolsa de esta fruta, quiere un cerdo. Como no eres granjero, debes encontrar a alguien que pueda proporcionarte uno. Una vez que encuentras al dueño del cerdo, te dice que necesita muebles. Buscas un carpintero que quiere arroz a cambio de sus muebles. Afortunadamente, tienes bolsas de arroz para obtener los muebles, que cambiarás por el cerdo, que a su vez intercambiarás por la ansiada bolsa de manzanas.

Si bien este sistema quizás funcionó hace mucho tiempo, no aplica a la actualidad. Con la variedad de productos y la gran población que tenemos hoy día, sería extremadamente difícil e ineficiente. Hoy podemos ir directamente a la fuente de lo que estamos buscando y usar el dinero como moneda para obtenerlo. Entonces sí, el dinero es importante porque necesitamos cosas que no tenemos o no podemos producir nosotros mismos. Cuanta más responsabilidad tengas, más dinero necesitarás. Cuanto menos dinero tengas, menor será la capacidad de mejorar tu calidad de vida y la de los tuyos.

NO CULPES AL DINERO

El dinero es algo maravilloso que, si se usa de manera responsable, te facilitará una vida maravillosa. Sin embargo, el monstruo interno de muchos disfruta darle un mal uso al dinero. El monstruo no tiene autocontrol y siempre te meterá en problemas. *Debido a que anhela la gratificación instantánea, carece de disciplina.* El dinero es solo una forma de apoyar sus malos hábitos. La consecuencia del mal uso del dinero no es culpa del dinero.

Millones de personas tienen pensamientos negativos sobre el dinero y lo tildan de ser la "raíz de todo mal" y que "no puede comprar la felicidad". Es cierto que para ser verdaderamente feliz se necesita más que solo dinero. Pero no culpes al dinero por las cosas malas que muchos hacen con él. Si alguien usa un cuchillo para matar a otra persona sería tonto de nuestra parte pensar que el cuchillo es malo. Por eso esfuérzate por descubrir cómo el dinero puede llegar a ser tu mejor amigo y compañero para hacer el bien en el mundo. *Ve el dinero como la herramienta precisa para lograr mucho más en poco tiempo.* Tu gigante quiere hacer grandes cosas para el mundo. No sientas vergüenza de anhelar mucho dinero, para poder disfrutar de todo lo bueno que ofrece nuestro planeta y para que puedas ayudar a otros.

¿SABES ESCUCHAR?

A medida que pasan los años he entendido la importancia de saber escuchar. En mi juventud trabajé duro para salir de la pobreza. Encontraba lógico lo que me decían en ese momento mis padres y quienes me rodeaban, pero el tiempo demostró que no siempre llevaban la razón. Escuché cosas como *"Si naces pobre, siempre serás pobre";* *"No puedes servir a dos amos; sirves a Dios o a las riquezas".* Sin embargo, la frase que más me molestaba era: *"Para hacerte rico tienes que aplastar a otras personas".* Sabía que nunca sería capaz de esto, ¿significaba entonces que no me haría rico?

El primer hombre que conocí que tenía mucho dinero no me trató bien. Trabajé para él y, en muchas ocasiones, sentí que usaba su dedo pulgar para aplastarme. Las palabras negativas que me decía diariamente penetraron en mi subconsciente y echaron raíces. Cuando miro atrás, puedo ver que este hombre estaba totalmente controlado por su monstruo interior, y ese monstruo solo se preocupaba por dominar y aplastar a los demás.

Ten en cuenta que mi familia y las personas que me rodeaban eran pobres y tenían muchas necesidades, incluso después de haber llegado a los Estados Unidos. Todo lo que sabíamos hacer era trabajar muy duro para otra persona. Esto solo nos alcanzaba para sobrevivir y mejorar un poco, a un ritmo lento. Me alegré de tener un trabajo que me permitió ganar y ahorrar un poco de dinero.

Cuando tenía dieciocho años compré mi primer camión de volteo, la carcacha gigante con forma de aguacate que mencioné antes. Por supuesto, no tenía radio, así que tuve tiempo de sobra para pensar. Sabía que una parte de la población era dueña de la riqueza mundial, pero también que había millones pobres. Constantemente me preguntaba: "¿Qué tengo que hacer para volverme rico?" Sabía que esa era mi meta, pero había acumulado tantas opiniones negativas sobre la idea de serlo, que vivía en permanente conflicto.

Ahora sé que prestaba demasiada atención a mi monstruo interno. Las asociaciones negativas para con el dinero resultan en su mayoría ilógicas. Haz un esfuerzo por cambiar tu visión negativa sobre el dinero, y enséñale una valiosa lección a tu gigante. Por eso te reto a perfeccionar tus habilidades de escuchar y prestar atención a esos que han logrado enriquecerse de una forma honesta. Escucha sus opiniones sobre el dinero. *Cada vez que eliges escuchar consejos constructivos y útiles de aquellos con experiencia en la creación de riqueza, estás alimentando a tu gigante interior.* De esta forma, desplazas las creencias limitantes de tu monstruo y, en cambio, las sustituyes por ideas poderosas que allanarán el camino a la riqueza.

Si aún no tienes el dinero que necesitas para vivir del modo que deseas, probablemente debes cambiar lo que sabes y crees del dinero. Empieza por reconocer que gran parte de tu conocimiento en esta área es erróneo y está desactualizado. Imagina que tu mente es como un disco duro. Debes eliminar los archivos viejos y corruptos, las creencias erróneas, y hacer espacio para nuevas informaciones. *Si regularmente tienes problemas monetarios es porque tu sistema actual está obsoleto y a menos que actualices tu programa, nada cambiará para ti.* La mejor manera de lograr esto es aprendiendo de las personas correctas.

¿TE GUSTA EL CAMBIO?

Permíteme compartir contigo un sistema que me ha funcionado en lo referente a esta área. Es un sistema simple y práctico que, si se aplica en todo el mundo, podría eliminar la pobreza global por completo. El desafío, nuevamente, radica en su simplicidad. Es tan sencillo que la mayoría no cree en su efectividad y, por lo tanto, eligen no usarlo. Dado que tu gigante ya te está guiando, confío en que comenzarás a utilizar si tienes problemas monetarios. Cuando comiences a usarlo, sin importar lo que pase, verás mejoras significativas en poco tiempo.

Lo he denominado las tres GGG. Cada letra representa una palabra que, con certeza, se ha usado en el pasado incorrectamente.

Esto es lo que la mayoría hace con su dinero:

GANAR Ganan dinero.

GASTAR—Gastan el dinero en sus necesidades.

GUARDAR—Si sobra capital, lo guardan. Aunque la mayoría de las veces no queda nada.

¿No es esta la típica forma en que las personas se relacionan con el dinero? Esto puede parecer normal, y quizás tú también estés siguiendo este sistema porque fue lo que te enseñaron tus padres. Incluso en los Estados Unidos, donde el ingreso promedio se encuentra entre los más altos del mundo, el uso de este esquema evita que las personas se enriquezcan.

Tu monstruo domina este sistema. Sin embargo, tu gigante sabe que existe una alternativa completamente diferente y mejor que conduce de la pobreza a la riqueza.

A partir de hoy, sigue este sistema:

GANAR—Gana dinero.

GUARDAR—Ahorra al menos un 10% que luego destinarás a invertir.

GASTAR—Luego cubre tus gastos con el resto.

Quizás estás escuchando a la vocecita en tu cabeza decir: "Qué más quisiera, pero eso no funcionará para mí". Si sientes que tu monstruo está protestando por la idea de seguir este nuevo sistema, es normal. Recuerda, tu monstruo dice cosas como "Es imposible, no tenemos suficiente dinero para cubrir nuestros gastos. ¿Cuál es el punto de ahorrar un 10%? Tomará mucho tiempo ahorrar una cantidad significativa, así que, ¿por qué molestarse?" Como ya mencioné, este sistema parece tan simple que la mayoría ni siquiera lo intenta.

Pero piensa en esto: *Si hubieras guardado el 10% de todo el dinero que te has ganado en tu vida, ¿cuánto dinero tendrías hoy?* Estoy seguro de que, aunque no lo hubieras invertido sería una cantidad significativa. Si no comienzas a hacer esto inmediatamente te será muy difícil salir de la pobreza si es que vives en ella. Hoy, con la guía de tu gigante, toma medidas. *Tienes que pagarte a ti mismo primero*; te ganaste el dinero y te lo mereces. Este es el primer paso.

La primera versión de este método que aprendí fue en el libro titulado *El hombre más rico de Babilonia*, de George S. Clason. Te recomiendo que leas este libro y apliques todo lo que aprendas. Este libro me inspiró a hacer un cambio simple en mis hábitos: comencé a ahorrar el 10% de lo que ganaba y me quedaba el 90% para el resto de los gastos. Con el tiempo, reduje los gastos lo suficiente como para comenzar a ahorrar un 20%. Y así fui aumentando el porcentaje gradualmente. Cuando decides guardar una parte de lo que te ganas, ocurren milagros. *Si logras hacer esto durante todo un año, habrás infundido un hábito que te servirá durante toda la vida, y nunca te quedarás sin dinero.*

Una vez que comiences a ahorrar, la pregunta más importante es: ¿qué debo hacer con el dinero que estoy ahorrando? Recuerda, el primer paso es desarrollar el hábito de ahorrar (el hábito de la consistencia); el segundo es invertir el dinero que has ahorrado para que produzca más dinero. Hay muchas opciones de inversión disponibles. En mi caso, prefiero invertir mis ahorros en bienes raíces, comprando casas para poder alquilarlas, y en la bolsa de valores. También puedes invertir en un negocio, o si entiendes y sabes, puedes comprar cryptomonedas. Ten en cuenta que cuando comiences a ahorrar dinero, puede llevar algún tiempo reunir una cantidad significativa.

Aprovecha este tiempo para aprender de las diferentes oportunidades de inversión. Para aprender cómo usar las deudas y los impuestos a tu favor, cómo empezar tu propio negocio o cómo desarrollar el que ya tienes. El conocimiento te permitirá tomar las mejores decisiones.

Tómate tu tiempo e invierte sabiamente, porque lo último que deseas hacer es perder parte del dinero que has ahorrado con tanto esfuerzo. Nunca inviertas tu dinero en algo que no entiendes, sólo porque escuchaste que era una buena idea, incluso si la opinión viene de alguien que respetas financieramente. Tómate el tiempo necesario para conocer tus opciones, solicita asesoramiento si lo deseas, pero toma tus propias decisiones basadas en hechos e informaciones concretas.

¿ES REALMENTE SIMPLE LOGRAR LA INDEPENDENCIA FINANCIERA?

Con este método, mi esposa y yo logramos la independencia financiera en 14 años. Pienso que tú puedes lograrlo en un plazo más corto hoy en día. En mi caso, cometí muchos errores que me costaron tiempo y dinero. Pero el sistema funciona. ¿Has escuchado decir que el dinero llama dinero? Cuando nuestra mente consciente y nuestro subconsciente se alinean, enfocados en ahorrar al menos el 10% de nuestras ganancias, otras cosas dejan de ser importantes. Muchos hábitos caros e improductivos comienzan a desaparecer y comienzas a vivir en este nuevo camino. Suena genial, ¿verdad? Tengo mejores noticias todavía. ¿Y si te dijera que hay un método más efectivo para alcanzar la libertad financiera en menos tiempo?

La independencia financiera es uno de los objetivos más importantes que todos debemos alcanzar. Esta representa la plena capacidad de elección en temas como dónde vivir y con qué comodidades, ya sea un buen auto o incluso un bote. *Más importante aún es que logras pasar a la próxima generación una herencia muy valiosa. No solo me refiero a la herencia monetaria sino a la mental.*

Ahora, ¿notas que mi definición de libertad financiera no incluye vivir en una mansión con criados y poseer un yate o helicóptero? Mi filosofía es que cuando una persona se siente cómoda con su estilo de vida y puede mantenerlo sin tener que trabajar, es económicamente independiente y libre. Para que una persona alcance este nivel de libertad, no debe centrarse únicamente en obtener un ingreso, ahorrar y gastar sabiamente, *sino también debe tener su dinero trabajando para sí mismo.* Me refiero a los ingresos pasivos.

Todos necesitamos dinero para vivir, por supuesto. Requerimos de una fuente de fondos que produzca suficiente dinero cada mes para mantener nuestro estilo de vida. Por ejemplo, si necesitas $4000 dólares mensuales para mantener tu estilo de vida cómodamente, tu fuente de ingresos pasivos debe producir al menos esa misma cantidad al mes. La fuente de ese ingreso puede provenir de las propiedades de alquiler que poseas o de los ingresos de tu empresa, etc., pero debe ser al menos la misma cantidad o superior, para tener dinero extra dedicado a invertir. Una vez hayas alcanzado el nivel de flujo de dinero entrante que necesitas, serás financieramente libre.

Volverse económicamente rico es otro nivel. Solo quiero que entiendas que el día que tengas el tiempo y los ingresos pasivos para mantener el estilo de vida que ansías, serás libre. Si tienes que ir a trabajar todos los días para pagar los gastos y alimentar a tu familia, aún no eres financieramente libre. Con esto no quiero decir que cuando logras la libertad financiera automáticamente debes de dejar de trabajar. La persona de mentalidad de éxito siempre piensa en producir y en disfrutar sus logros. Imagina que ya no tengas que preocuparte por el dinero y puedas despertarte pensando en todo lo que harías si no tuvieras esa presión encima. ¿Qué tan claro es tu plan para lograr este estilo de vida?

Tu gigante debe tener una idea clara de lo que significa la libertad financiera para ti. Ambos deben estar alineados y comprender por qué están haciendo las cosas de cierta manera y la razón de ciertos sacrificios. Mantén la imagen clara en tu cabeza, y cree en ella como algo real.

Visualiza tu libertad financiera. Algunos afirman que de alcanzar este nivel nunca más volverían a trabajar. Si también piensas así, debe ser porque no te gusta tu empleo. Por lo regular nos gusta estar ocupados y sentirnos productivos. Disfrutamos de crear, prosperamos cuando crecemos, y ese crecimiento nos hace sentir felices. Tener un trabajo monótono…no tanto.

¿Qué harías si tuvieras el control total sobre el tipo de trabajo que realizas cada día? En mi caso, me gusta comprar casas baratas, feas y abandonadas y arreglarlas. Hacer muchos de los proyectos de renovación por mí mismo me mantiene entretenido. Pienso en el resultado final porque me gusta dejar la propiedad en buenas condiciones para que otras personas puedan vivir cómodamente en ella. Si te gusta pintar paisajes, imagina dedicarte a esto y luego venderlos. Si te gusta la moda, sueña con diseñar tu propia línea de ropa. Si disfrutas pescar, podrías ganar algo de dinero dedicando tu tiempo a llevar personas a excursiones de pesca. Quizás te gustaría sentarte y escribir ese libro que siempre has soñado. Cuando la gente dice: "Con suficiente dinero nunca querré volver a trabajar", creo que lo que realmente quieren decir es que no volverán a trabajar en algo que no les brinde alegría ni satisfacción.

EL HÁBITO DE APRENDER

El primer paso para lograr la independencia financiera es convertirse en un buen inversionista. ¿Cómo? Ya diste el primer paso al estar leyendo este libro. *Tienes que invertir en ti mismo más que en cualquier otra cosa.* Después de todo, tú eres la mejor inversión que puedes tener. Desafortunadamente, muchos ocupan su día desplazándose por las redes sociales o viendo la televisión, por lo que dejan poco tiempo para invertir en ellas de manera valiosa.

Si quieres algo debes tomarte el tiempo para aprender sobre eso. Así de simple. En el mundo actual, todo lo que quieras aprender está al alcance de tu mano.

La pregunta clave es: ¿sobre qué debes aprender? Muchos se especializan en áreas determinadas, pero eso no les garantiza automáticamente una mejor calidad de vida. Aprender algo nuevo siempre es importante, pero en nuestro mundo repleto de información, puedes pasar años leyendo y no aprender nada útil que tenga un impacto directo en tu desarrollo personal. Si tu objetivo es tener suficiente dinero para no tener que preocuparte más por ello, entonces dedícate a estudiar las leyes del dinero para ganar y ahorrar ese capital.

Lo importante es entender que la cantidad de dinero que tienes se relaciona directamente con la cantidad de conocimiento que acumules sobre esto. Si no tienes suficiente dinero, probablemente es porque tu cabeza aún está llena de creencias e informaciones incorrectas, no has adoptado los programas correctos y el conocimiento que posees no es útil ni funcional.

Cuando hables con alguien que posea mayor capital financiero que tú, escucha y aprende. Has de vaciar tu mente y hacer espacio para aprender principios y leyes que otras personas exitosas han descubierto y utilizado.

El multimillonario y empresario T. Harv Eker dice en su libro Los secretos de la mente millonaria, que la mayoría de la gente tiene problemas con su "árbol del dinero". Los frutos que producen son malos porque las raíces tienen defectos. Las raíces son las creencias dentro de tu mente. Si las arreglas producirán una fruta sabrosa y jugosa.

Para convertirte en alguien nuevo, con una mentalidad diferente y mejorar tu vida en corto tiempo, resulta vital que desarrolles el hábito de aprender constantemente información valiosa. Recuerda, una de las claves del éxito es ser mejor hoy que ayer, en todos los sentidos.

Todo lo que necesitas saber para triunfar ya está en tu ADN. Lo tienes dentro de ti. Posees el poder, la sabiduría necesaria y el deseo, aunque debes encontrar diferentes maneras de descubrir y activar este potencial. Algunas formas de explorar tu capacidad son asistiendo a seminarios, leyendo libros que traten sobre el desarrollo personal, consultando YouTube en busca de videos inspiradores, o mediante un entrenador o mentor que te guíe en el descubrimiento de tu máximo potencial. Tu trabajo es encontrar información, para que descubras lo que hay dentro de ti y lo saques al exterior.

¿DE QUIÉN APRENDER PARA TENER DINERO?

A menudo mostramos tendencia a conservar ideas preconcebidas. Cuando esas nociones son cuestionadas, comenzamos a sacar nuestras propias conclusiones, o rechazamos instantáneamente cualquier otra cosa que pueda sugerirse, porque carece de sentido para nosotros, ya que no coincide con aquello que ya sabemos. Reconoce que esta es la actitud de tu monstruo interior y es un actuar que te detendrá. Una vez comprendas este razonamiento, te dejarás guiar libremente por el gigante que llevas dentro, que es humilde y siempre está deseando información para crear una vida más significativa.

Cuando tu gigante escucha algo que suena al principio ilógico, mantiene una mente abierta para captar toda la información que se le da. Luego pregunta: ¿de quién proviene esta información? Tu gigante puede comprender que si la persona que habla tiene mucho dinero y experiencia en la creación de riqueza, y ha logrado el éxito financiero, entonces vale la pena escucharla y poner en práctica sus consejos.

Aquellos que se quejan de no tener suficiente dinero y pierden su tiempo en busca de culpables, no aceptan que no tienen dinero porque su mentalidad sobre este es totalmente errónea. *Piensa en esto, hasta el momento, lo que sabes y cómo piensas te ha dado lo que tienes. Si no te gusta lo que ves, aprende más sobre el dinero y piensa de manera diferente al respecto.*

Tal vez te hayas percatado de que no he mencionado la importancia de ganar más cantidad de dinero. Antes de abordar esta parte, debes aprender a administrar correctamente lo que te ganas (incluido el uso correcto del sistema GGG). De nada te servirá ganar más si no sabes administrarlo bien.

Ganar dinero es la parte fácil, todo el que quiere puede ganar dinero ya sea mucho o poco, *administrarlo es más complejo*, especialmente si no se tiene la sabiduría y las herramientas adecuadas para hacerlo. Expliqué anteriormente que debes ahorrar al menos el 10% del dinero que ganas antes de hacer cualquier gasto.

Pero, ¿qué pasa si divides todo el dinero en diferentes porcentajes? Pues pudieras alcanzar la independencia financiera en mucho menos tiempo de lo que me tomó a mí, ya que este es un mejor método.

Por ejemplo:

El primer 10% para ser financieramente libre.

Otro 10% para tu propia educación (recuerda, aprender es una constante).

Otro 10% para divertirte cada semana, o una vez al mes, con tu familia o amigos.

Por último, el 70% para otros gastos como facturas, comestibles y gas.

Mientras pasa el tiempo reduce tus gastos y trata de aumentar tu ingreso. Ve aumentando el porcentaje de dinero que inviertes para que puedas alcanzar la independencia financiera más rápido. Esta es la forma de actuar de las personas que se dejan guiar por su gigante.

En una ocasión, mientras ofrecía una charla en una escuela secundaria, la maestra me dijo: "Debes darle el 10% a Dios". Cada persona decide cómo administrar y gastar su dinero. Dicho esto, es aconsejable ser generoso y dar un porcentaje de lo que ganemos o nuestro tiempo a alguna persona necesitada. Esto forma parte de una mentalidad de abundancia, pues cuanto más dinero recibas, más podrás ayudar a los demás. Da la bienvenida al dinero que fluye a tu vida desde donde sea que estés ahora, porque con tu gigante en control, usarás tu dinero sabiamente.

**

ACCIONES A TOMAR AHORA

Diseña un sistema simple para administrar todo tu dinero. Aunque tengas muy poco empieza ya. No olvides ahorrar al menos el 10%. Piensa en la mejor manera en que puedes administrar tu dinero. En mi caso, tengo varias cuentas bancarias diferentes y sé exactamente qué porcentaje pongo en cada una de ellas. Si necesitas ayuda adicional, puedes ir a <u>www.buildingyourgiant.com/bonuses,</u> para obtener acceso exclusivo a contenido adicional y ver un video de bonificación gratuito sobre cómo funciona el dinero. Los libros que debes leer son *Secretos de la mente millonaria*, de T. Harv Eker y *The Millionaire Booklet*, de Grant Cardone.

¿Cuáles son tus creencias sobre el dinero?

NOTAS

_____

_____

_____

_____

_____

_____

_____

_____

_____

_____

_____

_____

_____

CAPÍTULO 11
ACEPTAR EL REGALO

"Siempre eres especial, nada puede cambiar eso".
Elizabeth Smart

¿QUÉ DEBES HACER AHORA?

Al leer este libro, confío en que hayas aprendido cosas nuevas e incorporado otras ideas. Sin embargo, tú y yo sabemos que todas las lecciones y sugerencias mencionadas se aprenden mejor mediante su aplicación en la vida diaria.

Puedes sentirte abrumado por la cantidad de cambios sugeridos, mas no es mi objetivo. Aunque parezca demasiado al principio, verás que en un corto período de tiempo se vuelve simple. No sé en qué etapa de tu vida te encuentras ahora, si necesitas hacer más o menos cambios. Solo evita complicar las cosas.

Imagina que en este momento te regalo la casa de tus sueños en un lugar maravilloso. Elige cualquier rincón del mundo donde te gustaría vivir. Visualízate ahí, en la ladera de una montaña, frente al mar; quizás en la orilla de una bella playa; o tal vez en la cima de un rascacielos en Nueva York, con vista panorámica al parque central; o en la cima de una montaña mirando a un bosque. Este lugar perfecto es todo tuyo. Lo compré para ti. Este lugar representa tu vida. La vida te fue dada, y el hecho de estar vivo es en sí mismo algo mágico e increíble. Todo lo bueno que puedes imaginar está dentro de ti y a tu alrededor.

Ahora que estás en el lugar de tus sueños, imagina que sonríes mientras contemplas tu hogar ideal. No importa si es una mansión enorme o una pequeña cabaña pintoresca, el exterior de tu propiedad es perfecto. Quizás te preguntes ¿Cómo estará el interior de la casa? ¿Qué pasa si miras por una ventana y ves un desastre? ¿Qué harías si vieras las paredes rotas, si todo lo que hubiese dentro fueran muebles rotos, basura en el piso, fealdad y desorganización? ¿La rechazarías? El exterior es magnífico, ¡pero el interior es un desastre! Obviamente, tendrás que limpiar, organizar y reparar todo antes de poder habitar tu casa perfecta. El interior de la residencia de tus sueños representa lo que está dentro de tu propia mente, cuerpo y espíritu. Solo tú conoces la verdadera condición de tu interior.

Mediante un profundo análisis, es probable que descubras qué nivel de reparación requieres, o si bastará con retoques de pintura y reorganización. Quizás necesitas una renovación completa. Empieza por preguntarte: ¿Qué debo hacer ahora para organizar mi espacio interior? Recuerda que se te dio un regalo increíble: tu vida. Cuida tu espacio vital, tu mundo interior que componen tu mente, tu cuerpo y tu espíritu.

Si todavía estás leyendo este libro, estoy seguro de que estás listo/a para mejorar, y ya has tomado la decisión de dejar que tu gigante interior tome las riendas. Resulta vital que comiences una cosa a la vez. No puedes limpiar y renovar el nuevo hogar en un segundo, como si tuvieras una varita mágica. Para renovarlo lo primero que necesitas es buena planificación y las herramientas para hacer el trabajo. *Lo mismo ocurre en la vida, lo primero que necesitas es un lápiz y una libreta para planear tu vida.*

Tu gigante y tu monstruo siempre están compitiendo, y a veces puede parecer que están en guerra. Para lograr con éxito la tarea en cuestión, debes tener un plan de ataque claro. Determina y escribe lo que debe hacerse primero, da prioridad a retos más grandes y difíciles. Tu monstruo intentará desanimarte, incluso si logras progresar, él quiere que todo permanezca igual, e intentará retenerte en la mediocridad y la supervivencia.

NO TE CONFORMES CON MENOS QUE LA EXCELENCIA

Mantén a tu gigante a la vanguardia de tu mente y tus acciones, y asegúrate de que supere al monstruo, mientras trabaja en las diferentes áreas de tu vida. Enfrentando una cosa a la vez, pero siempre avanzando y disfrutando del proceso. Tarde o temprano, verás realizada la vida que deseas.

Uno de los ejercicios más útiles que puedes realizar es una lista de todo lo que has estado soportando o aguantando. Físicamente, en el hogar, en el trabajo, en tus relaciones o salud personal. Cuando identificas estas cosas puedes eliminar toda la negatividad que ha nublado tus días.

Al escribir esta lista de molestias crónicas, notarás que algunos desafíos son mucho más grandes que otros, *no te dejes intimidar por aquellos que parecen imposibles de resolver.* Porque al ser identificados pueden resolverse más rápido y con mayor facilidad de lo que imaginas.

Convertirte en una persona de excelencia significa que estás saliendo de la mediocridad, despejando problemas negativos y energizando tus más altas intenciones. Una vez que tengas tu lista, comienza a arreglar un renglón a la vez.

¿Qué hacer si cargas con un mal hábito desde hace tiempo y te sientes incapaz de resolverlo? Ante un desafío mayor, la clave está en dividirlo en pequeños pasos. Escríbelo y reflexiona: ¿Cuál es la próxima acción que debes tomar para eliminar esto? Sigue haciéndote la misma pregunta hasta dar con la respuesta que te permita dar el primer paso. Toma acción. Usa tu autodisciplina y perseverancia para seguir hasta tachar ese mal hábito de tu lista.

Un beneficio adicional es que este nuevo proceso te impedirá agregar a la lista cosas indeseadas. Te volverás más receptivo, con capacidad para manejar situaciones de manera rápida y efectiva, antes de que se conviertan en molestias o problemas difíciles. Esta es una de las tareas favoritas de tu gigante, así que dale luz verde hacia el camino de la excelencia. Este es uno de los mejores regalos que puedes darte a ti mismo y a tu gigante.

ERES ESPECIAL

Podría decirse que me gradué de la Universidad del "Trabajo Duro". Obtuve una licenciatura en romperme la espalda, aunque no en ganar dinero. Aprendí que trabajar duro no era suficiente para mejorar mi posición económica. Te puedo decir que se necesita "trabajar de manera inteligente" en lugar de solo "trabajar duro". Pero, ¿cómo?

Cuando reconocí que debía hacer algo diferente. Necesitaba aprender a trabajar de manera inteligente, y decidí trabajar en mí mismo, en mi gigante. Era muy tímido, tenía baja autoestima y no hablaba bien inglés, y mucho menos lo leía. Lo único que sí tenía era *un deseo ardiente* de tener éxito, y esto hizo la diferencia. Si tú también lo tienes, usa este deseo para tomar acción. Solo tú puedes elegir.

Tómate unos minutos para reflexionar. Pregúntate: ¿Cuántas personas hoy viven en prosperidad, salud y felicidad? Cuando veas a grandes masas de personas haciendo algo, haz lo contrario. La mayoría solo buscan el camino fácil y esperan el tren de la suerte, que rara vez llega. Recuerda, nunca antes en este planeta existió o existirá alguien como tú. Eres diferente, pero para lograr tus sueños también debes ser especial y esforzarte por ser cada día mejor.

En una escala del uno al diez, ¿qué nivel de éxito deseas alcanzar? No me refiero solo financieramente, sino en lo espiritual, mental, estado físico, etc. Imagino que no estarás satisfecho en un nivel cuatro o cinco. A millones de personas les **gustaría** alcanzar su máximo potencial. Destaco esas palabras, *porque si realmente quieres un estilo de vida de nivel diez, debes convertirte en una persona de nivel diez.* Esto no se alcanza siendo una persona promedio, esperando un milagro o perdiendo el tiempo. *Muchos eligen tolerar un nivel alto de pobreza e infelicidad, se conforman con sobrevivir y aceptar su mala suerte, a menudo aumentan su capacidad de tolerancia cuando las cosas empeoran, se niegan a tomar acción.* Pregúntate entonces: ¿Qué tanto estoy dispuesto a tolerar?

Si sientes que ya alcanzaste un estilo de vida de nivel ocho, eres feliz y no aspiras a más, entonces sinceramente lo respeto. Pero si tienes un deseo ardiente de alcanzar niveles más altos, te aseguro que puedes y lo harás, siempre que inviertas en ti mismo. *Una persona que opera en un nivel diez producirá una vida a ese nivel.* Cuanto más trabajes en ti mismo, mayor será el nivel en el que operes, más fácil será alcanzar el nivel de vida que deseas. Va más allá de ser mediocre: debes ser especial y extraordinario.

No me malinterpretes. Todos elegimos la vida que queremos vivir y esto debe ser respetado. Es aconsejable dejar que cada persona practique su libre albedrío. Mi trabajo no es ser su juez o jurado. Cuando te animo a ser especial, no estoy sugiriendo que trates a los demás como si fueras superior. Ten en cuenta que alguien de mente pobre creará una vida pobre, y la persona de mentalidad millonaria construirá un proyecto a su nivel. *"Todo lo que te sucede está perfectamente alineado con quien eres"*. Haz una pausa y medita sobre estas palabras.

Es común que a veces nos sintamos confundidos, ofendidos o incluso molestos. Si esto aplica a ti, quizás tu monstruo interior todavía tiene cierto control en ti. Él disfruta el papel de víctima y le gusta lamentarse por lo que sale mal. Tu monstruo evita asumir la responsabilidad personal y, en cambio, siempre busca a quien culpar. Nuestro gigante, por el contrario, asepta responsabilidad personal.

Si no tienes suficiente dinero para sentirte financieramente seguro, ¿de quién es la culpa? ¿Será de tu jefe o familia o amigos, o del gobierno o del destino? *Todo cambia cuando reconoces y aceptas que todo es culpa tuya.* Una vez hagas esto, pregúntate: Si todo es mi culpa, ¿significa entonces que soy responsable de mis decisiones? ¿Qué haré para corregir mi rumbo? *A partir de ese momento, tu vida se encaminará hacia el porvenir que sueñas, harás lo que tengas que hacer para cambiar lo que no sirve.*

SIN LÍMITES

Si tu vida se ha convertido en una rutina, es porque no estás trabajando en tu desarrollo diario. No estás creciendo y ganando las cualidades necesarias para alcanzar el siguiente nivel. Caer en una rutina diaria es estancarse en el mismo lugar. Créelo, es fácil para muchos hallar comodidad en la pobreza extrema. En muchos casos estas personas experimentan un vacío y ni siquiera saben explicarlo. *El ser humano necesita sentir su crecimiento, ver que avanza, esto le da verdadera sensación de satisfacción y felicidad. Por eso nuestro crecimiento debe ser constante.* No subestimes tu deseo inherente de crecer y evolucionar. Tu gigante interior tiene un apetito voraz por aprender. <u>Para garantizar un crecimiento constante, debes comprender que las cosas de valor requieren gran esfuerzo. Es una subida cuesta arriba o nadar contra la corriente.</u>

"El juego tiene sus altibajos, pero nunca puedes perder el enfoque de tus metas individuales, y no puedes dejarte vencer por falta de esfuerzo".
Michael Jordan

Al comenzar tu vida de adulto **debes creer plenamente que tendrás éxito**, aunque no sepas a qué retos te enfrentarás en la vida. Durante tu niñez y juventud puedes residir en el hogar donde se han establecido tus padres o familiares. Pero cuando llega el momento de crear tu propia vida, *debes creer que el éxito llegará y que, con trabajo duro, algo de riesgo y perseverancia, lo lograrás.*

Si eres un lector joven, te diré que la mayoría no pasa suficiente tiempo preparándose para alcanzar sus sueños y poder crear una vida llena de éxito. Porque *malgastan su tiempo* jugando videojuegos, en las redes sociales, mirando televisión, o sentados bajo un árbol hablando boberías etc. Muchas actividades no te preparan para tener la mentalidad correcta ni para crear una vida satisfactoria y llena de abundancia. Recuerda no te conformes con ser una persona promedio de esas hay muchas en nuestro planeta. El hecho de haber leído este libro indica que tienes el deseo de vivir al máximo. Pero muchos no sabrán cómo enfrentar los escenarios cotidianos, tendrán problemas para mantenerse a flote, y a menudo se encontrarán ahogados en estrés, depresiones y deudas.

A mis lectores de mayor edad que no están satisfechos ni contentos con lo que han logrado en sus vidas, los exhorto a analizar su mentalidad, sus cualidades y habilidades para empezar a caminar en la dirección correcta. *Cuando llegamos a la madurez, somos responsables de nuestro éxito o de nuestro fracaso.*

Si te consideras adulto pregúntate. *¿Viviré una vida mediocre o al máximo? Yo nací rodeado de pobreza material, no tuve control sobre eso, pero sí puedo morir siendo rico en sentido material porque depende de mí, eso es lo que dios quiere porque él quiere lo mejor para cada uno de nosotros.*

A veces hay que nadar contra la corriente, y otras veces fluye a nuestro favor. Si tu éxito está al otro lado de un río con mucha corriente, tu trabajo será entrenar fuertemente para ser el mejor nadador posible, de eso depende que logres cruzar. Asegúrate que cada día hagas tu parte. Si no entramos al agua, dispuestos a perder de vista la orilla por un tiempo, nunca tendremos la oportunidad de experimentar una vida extraordinaria.

Imagina ahora que después de llegar a la orilla, agotado por el esfuerzo, quizás a punto de morir, descubres que el éxito que buscas no está ahí. ¿Abandonarías tu sueño? Pues esto es lo que hacen millones de personas después de uno o varios fracasos. Recuerdas que tienes un gigante interior poderoso e inteligente, lleno de sabiduría, que no te dejará darte por vencido, aunque en ocasiones te den ganas de morir. Recuerda que nadie que haya trabajado para lograr el éxito te dirá que fue un proceso fácil. Se necesita mucha FE y VALOR.

"Un pequeño cuerpo de espíritus determinados,
disparados por una fe insaciable en su misión,
puede alterar el curso de la historia".
Mahatma Gandhi

Las personas guiadas por su gigante interior viven pensando constantemente cómo mejorar sus vidas y las de los demás. Trabajan en sí mismos y realizan una búsqueda incesante de nuevas oportunidades, porque entienden que la aventura es tan importante como el éxito que persiguen.

LA IMPORTANCIA DE SER REFINADO

Cuando escuchas la palabra refinado, ¿qué te viene a la mente? Tal vez no hayas usado este término para referirte a ti mismo, pero quiero que seas una persona refinada. Primero, tenemos que entender el significado de esta palabra.

Esencialmente, refinar es un proceso donde se eliminan las impurezas o elementos no deseados de una sustancia o cosa. También puede indicar una mejora haciendo ajustes para volverlo más fino o preciso.

El petróleo, por ejemplo, se extrae de la tierra en estado "crudo", donde tiene muy poca utilidad práctica. Este aceite necesita ser refinado. Este proceso se realiza dentro de una torre de destilación, con petróleo crudo depositado y calentado a una temperatura extremadamente alta. El aceite comienza a evaporarse y diferentes gases comienzan a elevarse, y de ahí nacen diferentes combustibles. De cada 159 litros de petróleo crudo producirá aproximadamente 73 litros de gasolina, 35 litros de diesel, 20 litros de combustible de avión, 6 litros de propano y 34 litros de varios combustibles.

No soy un experto en este proceso, ni tampoco pretendo que lo seas, pero ilustra mi punto de que hay cosas que para ser útiles necesitan ser refinadas. El ser humano no escapa de esta analogía. *También necesita someterse a un proceso de refinación para ser* útil en la sociedad y contribuir al bienestar de los demás y del planeta.

Viniste a este planeta en estado "crudo". Cuando naciste, nadie sabía exactamente en qué te convertirías. Tienes huellas digitales únicas, y una luz interior que brilla con una intensidad irrepetible.

Tu gigante interior es lo que brilla dentro de ti, una llama de anhelos por la abundancia de lo bueno.

Mientras pasan los años de nuestra vida experimentamos un estado de refinamiento. El proceso es diferente para todos, debido a que tenemos diferentes personalidades, niveles de inteligencia, antecedentes étnicos y nacionalidades. Cargamos con variadas experiencias, creencias y culturas, estas dependen de las circunstancias en que hemos sido formados. *Todas estas atenuantes pueden derrotarnos o hacernos más fuertes para enfrentar los retos de la vida.*

He escuchado a varias personas hablar de la marina estadounidense (U.S. Navy SEALS) dicen que es un grupo duro, capaz, determinado y entre los más dedicados del orbe. Uno de ellos me dijo una vez: *"De una gran adversidad viene una gran fuerza, así como el acero más duro se forja en los fuegos más calientes, también los humanos somos forjados y fortalecidos a través de nuestras propias luchas y triunfos".*

En el proceso de refinamiento, el aceite debe calentarse a temperaturas extremas. Cuando sentimos el calor de los desafíos, estamos siendo forjados por el fuego y comenzamos el proceso de convertirnos en humanos con mucho coraje. *Cuando todo parezca ir mal, elige perseverar. Nada comienza siendo perfecto.*

Cuando finalmente nos convertimos en mejores versiones de nosotros mismos la vida se hace fácil y estamos en condiciones de cambiar la vida de otros. Al aceptar los regalos de nuestro gigante, nos convertimos en un regalo para muchas otras personas.

MISIÓN, VISIÓN, PROPÓSITO Y METAS

En el Capítulo 3 hablamos un poco sobre estos temas. Hay opiniones muy diversas en lo que a esto se refiere. Algunos hablan de un propósito de vida, y otros de una misión. Algunos afirman la necesidad de tener una visión, que es el vehículo que se utiliza para cumplir nuestra misión o propósito; mientras que otros consideran que la visión es la capacidad de pensar o planificar el futuro con imaginación o sabiduría.

Cuando se trata de metas, hay criterios que las califican como acciones para lograr lo que queremos, mientras que también son entendidas como aquello que alcanzamos al final. Algunos proponen tener metas, mientras otros recomiendan crear un sistema para hacer todo paso a paso. Encuentro razón en cada una de estas interpretaciones, porque constituyen diferentes miradas a un mismo objetivo. Mi esposa y yo decidimos ser miembros de Quantum Leap, un programa de Success Resources of America. Debido a esto, hemos podido participar en diferentes cursos donde los entrenadores siempre comienzan diciendo: *"No creas una palabra de lo que digo"*. En realidad, es un gran recordatorio de que deberíamos hacer nuestra propia investigación y análisis, en lugar de dar por sentado la opinión del experto y creer en su palabra sin una consideración seria.

Toda enseñanza proviene de las experiencias propias, diferentes para todos. Lo más sensato es escuchar lo que la otra persona tiene que decir. Tanto si lo que escuchas tiene sentido para ti, o si resulta el escenario contrario, infórmate y saca tus propias conclusiones.

Ahora compartiré contigo mi propia filosofía sobre mi misión en la vida. ***"Mi misión es eliminar la pobreza de las mentes de las personas y de sus vidas"***. Te paso la pregunta: ¿Cuál es la tuya? ¿Qué quieres hacer para generar un impacto positivo? Debes tomarte un tiempo para definir tu misión. Identifica experiencias que no quieres que otros repitan. ¿Qué desafíos extraordinarios has enfrentado y has logrado superar? De estas vivencias, así como de tus intereses, puedes discernir la misión de tu vida. Este es uno de los temas que abordo en mis eventos, que considero podría serte de mucha utilidad.

Si aún desconoces cuál es tu misión, escribe cómo mejorarías el mundo si pudieras lograrlo. El proceso de escribir algo es extremadamente importante. Es posible que no tengas todos los detalles, o que no estés seguro de la idea, pero debes comenzar en algún punto. En mi sitio web (www.buildingyourgiant.com/bonuses) puedes consultar videos que facilitarán este proceso para ti, al igual que tienes la opción de solicitar acceso a material adicional en el propio sitio.

Quizás aún no creas lo esencial que es tener una misión de vida. Quizás solo deseas vivir una buena vida con tu familia y dejar que los demás resuelvan sus propios problemas o desafíos. Debo respetar tu opinión, pero insisto en que tengas en cuenta que la forma de pensar del monstruo interior es muy reducida y, por lo general, no ofrece una vida de satisfacción y abundancia. Esta mentalidad genera limitaciones.

Tener una misión vital cambia tu perspectiva y te obliga a crecer cada día en un camino de satisfacción duradera. Cuando tienes una misión clara, te despiertas con el deseo de hacer algo para poder cumplir tu objetivo. Esto fortalece a nuestro gigante y debilita a nuestro monstruo.

Por ejemplo, mi esposa y yo hicimos de la libertad financiera una de nuestras mayores prioridades. Trabajamos muy duro para salir de la pobreza. En todos esos años, siempre ayudamos al resto de la familia, que también vivían en condiciones económicas similares. Después de lograr la libertad financiera, hemos podido apoyar de una manera más significativa. Así es como llevo a cabo la misión de mi vida.

Por ejemplo, digamos que deseas pagar todas tus deudas. Las acciones que realizas de forma periódica son las metas a corto plazo para cumplir ese objetivo. *Nuestra visión es el vehículo o medio que podemos utilizar para alcanzar lo que anhelamos.* En mi caso, el medio que utilicé fue mi negocio de camiones y la inversión en casas para su posterior renta. Para ti, tal vez la visión sea tu carrera o profesión, o incluso tu propio negocio.

Si logras saldar tus deudas, quizás te animes a establecer una empresa para orientar a otros a evitar caer en esta situación financiera, o ayudar a aquellos que ya están en ese escenario a salir de él lo antes posible. En este caso, tu misión puede ser: "**Ayudar a otros a tomar mejores decisiones financieras para tener una mejor calidad de vida**".

Aspiro a que tengas en cuenta que tu misión, visión, propósito y metas deben ser claras. Esto guiará a tu gigante en la dirección correcta. La claridad resulta clave, aunque profundizaremos en esto más adelante en este capítulo.

¿QUÉ HACER AHORA?

Quiero felicitarte por tener la disciplina y el compromiso de leer este libro. Debes saber que eres una persona especial y ya te encuentras en el camino correcto.

A principios de 2019, conversando con un amigo que trabajaba duro para mejorar su vida, le dije que él era *una persona anormal*. Podrás imaginar su reacción ante mi comentario, ya que este calificativo tiene, por norma general, implicaciones negativas en el ámbito popular.

Si bien algunos pueden ofenderse por ser llamados así yo lo considero un elogio. De hecho, *quiero ser anormal*, porque lo normal para la mayoría es nunca abandonar la zona de confort y resignarse a sobrevivir, controlados por su monstruo interior. Sin embargo, aquellos que dejan que su gigante lleve el control pueden ser considerados "*anormales*", porque actúan de forma diferente a las masas. Además, tratan de ser su mejor versión y se esfuerzan por experimentar la abundancia y la plenitud siempre pensando en el bienestar de la humanidad. Ese es el tipo de persona que yo quiero ser.

En este libro has aprendido lecciones valiosas que te ayudarán a comprenderte mejor. Ahora es el momento de ponerlas en práctica. Sabes que aquello que crees, piensas, dices y haces es porque tu gigante o tu monstruo te controla. Si las cosas que dices están alineadas con tu misión de vida y tus propósitos; si además te inspiran y conducen a un futuro próspero para ti y los tuyos, tendrás la certeza de que tu gigante guía tus pasos. De lo contrario, es tu monstruo quien lleva las riendas y debes domesticarlo para que no controle tu forma de actuar.

Hoy te encuentras listo para avanzar en el camino hacia la riqueza y todo el éxito al que aspiras. La claridad es un elemento esencial para avanzar en todo sentido. *La velocidad es una función de claridad*. Los puntos cubiertos una y otra vez en este libro han sido sobre cómo obtener mayor claridad sobre lo que quieres y el porqué de estos deseos.

Si aún no tienes tu misión escrita o definida en tu cabeza, necesitas trabajar en esto hasta lograrlo. Cuanto más cristalices tu pensamiento y se conecten con tu corazón, más rápido avanzarás.

Por ejemplo, en el caso de la independencia financiera, hay varias causas típicas por las que un plan puede debilitarse, estancarse o abandonarse en el camino. Sin embargo, la razón principal por la que muchos abandonan el proyecto es debido a la ausencia de *un plan definido o una razón clara y escrita* que respalde su objetivo.

Tu monstruo es un maestro de la distracción, y busca redireccionar tu atención hacia asuntos de menor importancia. Algunos desperdician tiempo persiguiendo ideas tentadoras (sobre todo aquellas que aseguran que te volverás rico de la noche a la mañana). Otros dicen, ¿cómo puedo saber si es una gran idea a menos que la explore primero? Este es el truco favorito de tu monstruo, porque hay un número infinito de actividades posibles, *pero solo explora las que están relacionadas con tu misión.*

No puedes vivir lo suficiente para probarlo todo, y tampoco hay necesidad de hacerlo. Lo que debes hacer, en cambio, es ganar claridad y coherencia de modo que puedas reconocer con facilidad la oportunidad que se ajuste a tus aspiraciones. La siguiente historia ilustra mi punto de vista:

Un hombre tuvo que aprender todo sobre dinero falsificado como parte de la amplia capacitación para trabajar en un banco. Las personas con un billete falso de $100 a menudo le piden a un banquero que se los cambie por 10 billetes de diez dólares, y así reemplazar su dinero falso por dinero real. Todas las denominaciones, e incluso las monedas que a veces circulan, son falsificadas.

El banquero mencionó que durante el entrenamiento se sintió abrumado ante la idea de tener que examinar todos los ejemplos que el entrenador mostró en la clase. Se sintió aliviado, aunque perplejo, cuando el entrenador dijo que no necesitaban estudiar el dinero falso en absoluto. Se cuestionó entonces si un banquero no podía detectar una falsificación, ¿quién podría? Pero estaba haciéndose la pregunta equivocada.

El entrenador dedicó el curso a enseñarles sobre el dinero real. Estudiaron todas las denominaciones de moneda de Estados Unidos, antiguas y nuevas, auténticas y no falsificadas. Aprendió a mirar un billete en la luz y notar los detalles que demuestran su autenticidad. Aprendió sobre los hologramas incrustados y cómo se revela una delgada tira vertical que contiene el texto que explica la denominación del billete. Aprendió a buscar las microimpresiones y las marcas de agua en lugares precisos del billete. El banquero aprendió que el dinero real tiene cierto peso y sensación en el papel, al igual que otros detalles.

Una vez que supo con certeza estos detalles del dinero, pudo concentrarse en ese conocimiento. No importaba qué versiones falsificadas cruzaran su mostrador, si era diferente de lo real, sabía tratarlo como falso y no original. Al saber lo que era real y original, los falsificados se pueden detectar de inmediato.

Al conocer a tu gigante y tener claridad sobre la misión, el propósito y los objetivos de tu vida, puedes identificar y descartar fácilmente todas esas ideas falsificadas que tu monstruo siempre intenta hacer pasar por reales. Invierte el tiempo en obtener claridad y ahorrarás energías en el futuro.

COMIENZA LA ACCIÓN

Llegado este punto, solo resta decirte que mereces todo lo bueno que este mundo puede ofrecerte. Sé consciente del privilegio de estar vivo y ten un sentido de urgencia para tomar medidas y cumplir tus metas paso a paso.

Usa la fórmula DCAR (Disciplina, Conocimiento, Acción, Resultados) que analizamos en el Capítulo 5. Siempre ten en cuenta las herramientas que posee tu mente, porque son todo lo que necesitas para convertirte en el modelo de persona que admiras. Venimos a este mundo como un diamante en mal estado. Lo que da verdadero valor a un diamante es como se corta refina y pule. Nuestro gran valor también lo alcanzamos mediante el mismo proceso, solo así podemos llegar a ser una joya especial. La experiencia deja cicatrices en nuestras almas y son estas marcas las que disminuyen nuestro valor o agregan belleza y singularidad.

Tu gigante interior está completamente equilibrado. Imagina que tienes el control total sobre tus emociones y sentimientos. Imagínate a ti mismo **sin límites**, capaz de lograr todo lo que te propones y haciendo la diferencia en la vida de los demás. Imagínate absolutamente libre. Si trabajas duro para alcanzar la libertad financiera, el camino te ofrecerá la disciplina necesaria para mantener lo demás en su lugar. Tu estilo de vida mejorará, al igual que tu capacidad de contribuir a mejorar la vida de otros. Todos podemos vivir una vida plena, a pesar de las circunstancias que nos rodean. El mejor momento es **ahora**, así que **hazlo** ya. Sé diferente y trabaja en ti mismo. Sé mejor persona en todo sentido, capacitado para enfrentar cualquier reto y salir victorioso. Dale el timón a tu gigante interior y crea el futuro al que aspiras y mereces vivir. Cree en ti. Siempre.

***

ACCIONES A TOMAR AHORA

Crea el hábito de escribir tres buenas ideas cada día, mejoras que puedas implementar. Escribe también sobre cómo perfeccionar tu situación financiera, tu cuerpo, tu familia, tu negocio. Este hábito hará conexiones en tu mente, que facilitará el desarrollo de nuevas y mejores ideas.

Por último, revisa las acciones que recomendé al final de cada capítulo y asegúrate de completarlas. Demuéstrale a tu monstruo que tu gigante ganó la batalla.

Asegúrate de visitar www.buildingyourgiant.com para obtener información, productos y servicios adicionales. Visita también www. buildingyourgiant.com/bonuses para tener acceso a materiales de bonificación extra.

NOTAS

SOBRE EL AUTOR

Josué López Daniel nació en el entorno humilde de una zona rural de Cuba. La precaria realidad de su infancia se convirtió en la mayor motivación en su camino hacia la riqueza y la libertad financiera. El destino lo trajo a los Estados Unidos a los 12 años de edad. Con apenas 16 comenzó su primer negocio. Continuó trabajando duro en diferentes empresas y se volvió financieramente libre a los 38 años.

Josué notó la sorpresa de muchos respecto a la idea de alcanzar la libertad financiera. Eso lo condujo a tomar la decisión de convertirse en un orador y entrenador motivacional. Hoy trabaja duro en su misión de eliminar la pobreza de las mentes de las personas y de sus vidas. Es guía de muchos en el camino para convertirse en seres humanos extraordinarios que siempre puedan encontrar la fuerza para alcanzar el éxito y vivir sus sueños.

Conocido por su espíritu de emprendedor y su estilo de liderazgo, entre conversatorios y eventos, López dirige varias compañías. Su enfoque constante es el crecimiento personal y el aprendizaje. Recientemente se graduó del programa distintivo de T. Harv Eker, "Quantum Leap" de la empresa "Success Resources". Además de leer mucha bibliografía de desarrollo personal y escribir sus propios libros, participa en experiencias de alto valor, incluida la membresía en Toastmasters International.

Con su esposa, Keren, y su hijo, Josué, Jr., reside en Bradenton, Florida. Por diversión, disfruta pescar, bucear y viajar por el mundo con su familia. Adora conocer gente nueva y exitosa, y aprender de sus experiencias. Es su principal fuente de inspiración, donde alimenta su pasión por ayudar a los demás.

Contactos:

+1(941)243-2306

construyetugigante@gmail.com